夫婦と家計にやさしい♡

＼ゆるうま／
200円
ごはん

ちびーず

KADOKAWA

はじめに

初めましての方、いつもYouTubeを見てくださっている方、この度は数ある本の中から本書を手に取ってくださりありがとうございます。

私たちは夫婦で「ちびーず」というYouTubeチャンネルを運営しています。

サラリーマンのちび太（夫）とパート主婦のちび子（嫁）の2人、富山県で平凡に暮らしており、料理や日常についての動画を投稿しています。

我が家では、食費2.5万円/月を目標にやりくりしていて、普段から人一倍コスパを意識して生活しています！　ただ"我慢してギリギリの節約"というよりは、"ゆるく、楽しく"を心がけています。

今回レシピ本を出すにあたり、「安い・簡単・おいしい」を目指し、コストをおさえつつも満足度の高い、すべて〜200円台でできるレシピを選びました。
聞いたことのないスパイスや、どこで売っているか分からない食材は使いません。近くのスーパーで揃えられて、普段から冷蔵庫にあるような身近な食材で作っています。
視聴者さんが実際に作ってくださり「家族においしいと言ってもらえました！」などと好評いただいたレシピのほか、この本オリジナルのレシピもあり、全102品を収録しています。

私たちにとっての"食事"は夫婦の大切な時間です。
特別な理由がない限りは必ず一緒に食べて、一日の出来事を共有するようにしています。
おいしく楽しく節約すれば笑顔も増え、浮いたお金でお菓子を食べたりと、小さな幸せを増やせるのではないかと思います。

献立に悩んだときに、この本を少しでも参考にしていただけたら嬉しいです。そしてぜひ、レシピがあなたのレパートリーに追加される日がきますように！

ちびーず（ちび子・ちび太）

ゆるっま

YouTube
「ちびーず」

ちび太とちび子の20代夫婦が、レシピ動画やふたり暮らしの食卓の
様子などをありのままに配信中。「料理のモチベーションが上がる」
「自分も真似したい」とファンが着々と増加しています。

【サブチャンネル】「ちびーずROOM」
【Instagram】@otibidousei
【Twitter】@otibidousei

\ ぜひ見にきてね! /

CONTENTS

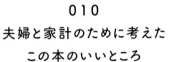

もくじ

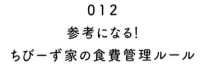

PART1
メインのおかず

PART2
サブの おかず

PART3
ご飯もの
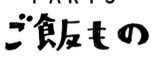

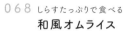

PART4
麺

PART5
おつまみ

Interview

COLUMN

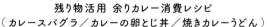

この本の注意事項

● 本書のレシピは1品1人分あたり、〜200円台でまとめています。金額は税抜きです。調味料は換算していませんが、バターやチーズなど高めのものはカウントしています。また、「少々」・「適量」・「適宜」・「お好みで」表記のものも換算していません。価格は著者が購入したときの金額を記載しています（価格表p110〜111を参照）。お店や地域、季節によって差がありますので、参考価格としてお考えください。

● レシピの分量は1人分、または2人分で紹介していますが、メニューによっては作りやすい分量になっています。分量が2人分以上の場合、材料の価格は1人分の金額を割り出して記載しています。

● レシピの中の大さじ1は15㎖、小さじ1は5㎖です。

● レシピの分量や加熱時間は、おいしく作るための目安です。

● 火加減は、特に記載がない場合は中火です。

● フライパンはフッ素樹脂加工のものを使用しています。油をひかないレシピでも、鉄製など焦げつきやすいフライパンを使用する場合は油をひいてください。

● 野菜類は、特に記載がない場合、洗う、皮をむくなどの作業をすませてからの手順を説明しています。

● トッピングで使用した材料は明記していない場合があります。お好みで追加してください。

● 本書のレシピは、著者のYouTubeチャンネルのものとは異なる場合があります。

● 電子レンジは600W、オーブントースターは1000Wを基準に加熱時間を出しています。

● バターは有塩を使用しています。

● 揚げ油の温度は、衣を落とすと、150〜160度が「鍋底に沈んでからゆっくりと浮き上がる」、170〜180度が「中ほどまで沈みすぐ浮き上がる」、190〜200度が「すぐに浮き上がって色づく」状態が目安です。

夫婦と家計のために考えた
この本のいいところ♪

お金と時間はもちろん大事。でも、頑張りすぎない＆無理しない！
ストイックに切り詰めすぎると、逆に疲れるし、続かないですよね。
ちびーず家では、「毎日の食事の時間を大切に、楽しむときはちゃんと楽しむ」をモットーにしています。
そういう意味で、1人1品〜200円台というゆる〜く節約できる価格帯で、簡単レシピを揃えました。

豚こまで豚肉たっぷり餃子(p35)

1品〜200円台で
これだけおいしくできる！

掲載しているレシピは、安いのに満足度も大！材料費を
安くすると、どうしても味が落ちるのではと心配ですよね。
市販の調味料を駆使して、たれや下味などしっかりした
味付けになるよう分量を割り出しています。豚こま切れ肉
や厚揚げ、卵などの高コスパ食材を入れて、ボリュームも
満点。ちゃんとお腹もいっぱいに！

厚揚げと豚肉となすのピリ辛丼(p72)

しめじとピーマンの 和風あえ(p52)

少ないステップで
時短！

共働きの私たち。忙しくて疲れた日でも、
すぐ作れて食卓に出せるよう、「レンジで
加熱」「冷凍食品はフライパンで熱しなが
ら解凍する」「しょうがやにんにくはチュー
ブに頼る」など、なるべく手間を省く工夫
をしてきました。作り方は最大4ステップま
で。だから、ずぼらさんでもOKです！

さわらの中華あんかけ(p43)

さきイカときゅうりの
ピリ辛サラダ(p63)

102品掲載で
レパートリーが増加！

主菜はもちろん、副菜、1品でもいけるご飯もの・麺、おつまみまで、豊富なラインアップです。ちなみに我が家では、お肉だけでなく1週間に1回は魚を食べる、野菜をたっぷり採ることを意識しています。これだけで献立に困らずバランスよくごはん作りができるようになると思います。

鶏むね肉ときのこの和風パスタ(p93)

節約のアイデア満載！

安価な食材をフル活用するほか、余りがちな食材の消費や、残りもののリメイクなど、ムダを出さない知恵が各所にちりばめられています。給料日前を乗り切る救世主レシピも見つかるはず！

エビより安上がり鶏テリ(p23)

にんじんの大量消費に！ にんじんカレー(p83)

おひとり様や
学生さんにもおすすめ

夫婦やカップルの方々以外にも、貯金中のひとり暮らしの方や、自炊ビギナーの学生さんにもおすすめです。1LDKの狭いキッチンでも大丈夫ですよ！（私たちも同棲中のころの住まいはキッチンが狭く、まな板を縦置きにして料理していたんです 笑）

超節約丼！ たぬき丼(p73)

参考になる！
ちびーず家の食費管理ルール

1か月食費2.5万円生活 その1

- 我が家では、**毎月の食費を2.5万円と決め**、
  別財布に入れて現金で管理しています。
  ※米、調味料も含みます。外食は別です。
  ※お酒はそのときによってばらばらで、食費で買ったりお小遣いから出したりしています。

- だいたい**3日で2000円、1週間で5000円以内**になるように
  買い物をしています。夜ごはんの材料を核にします。
  朝ごはんと昼ごはんは特に何を食べるかは決めず、
  夕食の残り物や余った材料で作ることが多いです。

- **週末の晩はお家飲み**と決めていて、
  おつまみを作ってお酒を片手に夫婦で語り合います。

献立の決め方 その2

結局自炊が
一番安い！

買い物に出陣！
⇩
スーパーの棚を見て、**軽く主菜だけを考えます**
⇩
主菜で余る食材や、そのとき安かった食材を
適当に組み合わせて副菜を決めます
⇩
品数には特にこだわらず、
食べ切れる量を考えて献立を最終決定します

倹約のコツ その3

お肉は安いときに買って冷凍する

お肉は割り引きしているときがあれば買ってストックしておきます。

特売に惑わされて余計なものを買わない

目立つ広告やサインがあっても、本当に必要なものだけ買うようにしています。

食材を腐らせずに使い切る

冷蔵庫の中身と賞味期限はこまめにチェック。フードロスは絶対ダメ！

できるだけ使い回せる食材を買う

例えばキャベツや大根などは、メインにもサラダにもスープにも使えるのでよく買います。

業務スーパーをおトクに活用 その4

爆買いには注意ですが、大容量の商品が格安で手に入るので、使わない手はありません。
月に1、2回は足を運んでいます。

"業スー"リピ買いランキング

1位 冷凍白身魚フライ 作るのが面倒な日でも揚げるだけでOKなので常備！

2位 冷凍オクラ 大容量で、ちょっとした彩りがほしいときに最適です。

3位 冷凍水餃子 しっかり具がつまってボリューミー。おつまみにもぴったり。

4位 豆腐 通常のスーパーで買うより安いです。

5位 油揚げ 高コスパ食材！冷凍しておけばみそ汁を作るときに便利。

料理がサクサクすすむ♪

必殺！キッチングッズ

レシピのほかに毎日の料理をラクちんにするのに欠かせないのが、道具。
ちびーず家で重宝している、料理のストレス軽減＆時短につながるアイテムたちを紹介します。
快適な道具を持つと、料理に向かう気持ちがアップします！

 菜切り包丁（ステンレス製）

主に野菜を切るのに使います。通常の三徳
包丁よりも刃が薄くて幅が広く、少ない力で
きれいに切れます。大根などの硬い食材や、
キャベツなどの大きな野菜も一気に切れて
気持ちいいです。

刻んだり、
皮をむいたりするのも
楽しくなる♪

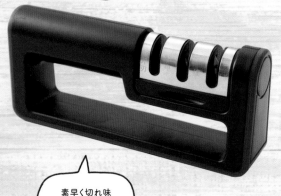

三段階式包丁研ぎ器

グリップ部分があるので安定させて研げま
す。粗研ぎ・中研ぎ・細研ぎと3種類の砥石
がついていて、色々な種類の包丁に対応で
きます（お持ちの包丁が少なければ一段階
タイプでもいいと思います）。場所をとらな
いのもメリットです。

素早く切れ味
復活！

必殺！ シリコン調理スプーン

炒め物にも煮物にも、サラダをあえるのにも使えます。しなやかな材質なので、鍋やフライパンを傷つけず、汁を残さずすくえて便利。取り分け用にそのまま食卓に出してOK！

これ1本ですむから洗い物もラクでうれしい♪

必殺！ シリコンラップ

100円均一ショップで購入。突起がついていて、食器に合わせて引き伸ばしてラップします。洗えて繰り返し使えるのでエコ！スタンダードな使い方ももちろんいいですが、我が家ではまな板の滑り止めとして使っています。

全然ズレなくて安心

温野菜に特におすすめ

必殺！ レンジ調理容器

そのまま電子レンジで加熱でき、ザルがついた二重構造なので、水が切れて料理の下ごしらえがスムーズになります。

はじまるよ！

ゆるうま

＜STAFF＞
デザイン　片桐直美（notes）
イラスト　上路ナオ子
撮影　白井由香里
スタイリスト　宮沢史絵
DTP　道倉健二郎（Office STRADA）
校正　麦秋アートセンター
編集協力　須川奈津江

メインの
おかず

肉や魚を使った主菜をご紹介。
お肉は鶏むね肉や豚こま切れ肉などで低コストに！
ワンパターンになりがちな魚も
豊富なアレンジを紹介しています。

ご飯にのせて食べても◎

鶏むね肉の親子煮

煮込みすぎないのが
鶏肉しっとりの
ポイント

● 材料（2人分）

玉ねぎ…1個　72円
鶏むね肉…1枚　201円
卵…2個　38円
A｜麺つゆ（3倍濃縮）…大さじ3
　｜砂糖…大さじ2
　｜和風だしの素…大さじ1
小ねぎ（小口切り）…お好みで適量

● 作り方

1 玉ねぎは薄切り、鶏肉は繊維を断つように そぎ切りにする。卵は溶きほぐす。

2 鍋に水200mlを入れて沸騰させ、玉ねぎとAを入れて加熱する。玉ねぎに火が通ったら鶏肉を加え煮込む。

3 鶏肉に火が通ったら卵を流し入れ、ふたをして卵を固め、お好みで小ねぎをかける。

定番だけど
むね肉で作ると
少しあっさりして◎

あとひく味でご飯がすすむ!

チンゲン菜と鶏むね肉のオイスター炒め

チンゲン菜は
茎と葉を分けるように
切ると◎

● 材料(2人分)

チンゲン菜…1袋 136円
鶏むね肉…1枚 201円
酒…大さじ1
片栗粉…大さじ3
サラダ油…大さじ2
A 酒…大さじ2
オイスターソース…大さじ1
豆板醤…小さじ1

1人分
169円
2人分337円

● 作り方

1 チンゲン菜は食べやすい大きさに切る。鶏肉は食べやすい大きさに切り、ポリ袋に入れて酒を揉み込み、片栗粉をまぶす。

2 フライパンに油を熱し、鶏肉を並べ入れる。鶏肉に火が通ったら余分な油を拭き取り、チンゲン菜を茎、葉の順に加えて炒め、火が通ったらAを入れて全体を混ぜる。

オイスターソースが
ご飯に合う!

トマトの酸味でさっぱり味わう

揚げ鶏のトマトだれ

1人分
195円
2人分 390円

たっぷりのたれで
召し上がれ！

● 材料（2人分）

水菜…1株 34円
トマト…1個 136円
長ねぎ…10cm 19円
鶏むね肉…1枚 201円
酒…大さじ1
片栗粉…大さじ3
サラダ油…大さじ3
A｜しょうゆ…大さじ2
　｜酢…大さじ1
　｜はちみつ…大さじ½
　｜チューブにんにく…小さじ½

● 作り方

1 水菜は4cm長さに切る。トマトはさいの目切り、長ねぎはみじん切りにする。鶏肉は食べやすい大きさに切り、ポリ袋に入れて酒を揉み込み、片栗粉をまぶす。

2 フライパンに油を熱し、鶏肉を並べ入れて揚げ焼きにする。

3 ボウルにトマト、長ねぎ、Aを入れて混ぜ合わせる。

4 器に水菜と2を盛り、3をかける。

彩りもよくむね肉で
安くおさえられる！

たれはレンチンで
合わせるだけ！

粒マスタード入りの
たれがアクセント！

油淋鶏

1人分
110円
2人分 220円

● 材料（2人分）

長ねぎ…10cm　19円
鶏むね肉…1枚　201円
塩、こしょう…各ひとつまみ
片栗粉…大さじ3
A 酢…大さじ3
　 ごま油…小さじ2
　 粒マスタード…小さじ1
　 しょうゆ…小さじ1
サラダ油…大さじ3

● 作り方

1 長ねぎは粗みじん切りにする。鶏肉は大きめの一口大に切り、ポリ袋に入れて塩、こしょうをふり、片栗粉をまぶす。

2 耐熱容器に長ねぎとAを入れてラップをふんわりとかけ、電子レンジで40秒加熱する。

3 フライパンに油を熱し、鶏肉を両面揚げ焼きにする。器に盛り、2をかける。

簡単で
ご飯のおかずに
ぴったり

021

七味とうがらしは
たっぷりがおすすめ

1人分、
110円
2人分220円

余りがちな
ゆずこしょうも
使いきれる！

ヘルシーな蒸し鶏を
ピリ辛だれでどうぞ

鶏むね肉の
レンジ蒸し
ゆずこしょうだれ

●材料（2人分）

もやし…1袋　19円

鶏むね肉…1枚　201円

酒…大さじ3

塩、こしょう…各少々

A｜ポン酢しょうゆ
　　…大さじ2
　　白だし…大さじ1
　　ゆずこしょう…小さじ2

小ねぎ（小口切り）、
七味とうがらし…各適量

●作り方

1 もやしは耐熱容器に入れてラップをか
け、電子レンジで1分30秒加熱する。

2 鶏肉は耐熱容器に入れて酒と塩、こ
しょうをふり、フォークなどで両面を
数か所刺す。ラップをふんわりかけて
穴をあけたら電子レンジで2分30秒
加熱し、裏返してさらに1分30秒加
熱する。

3 鶏肉を食べやすい大きさに切り、A を
からめる。器に1のもやしを盛り、鶏肉
をのせたら、小ねぎと七味をかける。

鶏肉は
大きめに切ると
食べごたえ◎

1人分
146円
2人分291円

エビは高いけど
鶏むね肉なら
ヘビロテ可能

エビチリならぬ

鶏チリ

● 材料（2人分）

鶏むね肉…1枚 201円	A トマトケチャップ…大さじ2
片栗粉…大さじ2	酒…大さじ1
ミニトマト…6個 90円	みりん…大さじ1
サラダ油…大さじ2	豆板醤…小さじ2
	砂糖…小さじ2
	鶏がらスープの素…小さじ1

● 作り方

1 鶏肉は繊維を断つように大きめのそぎ切りにし、ポリ袋に入れて片栗粉をまぶす。

2 フライパンに油を熱し、鶏肉を両面揚げ焼きにしたら、ミニトマトとAを加えて炒め合わせる。

みんな大好き甘辛味おかず

鶏肉とれんこんの
甘辛炒め

● 材料（2人分）

れんこん水煮（ホール）…1パック 178円	A みりん…大さじ2
鶏むね肉…1枚 201円	コチュジャン…大さじ1
酒…大さじ1	薄口しょうゆ…大さじ1
片栗粉…大さじ2	砂糖…大さじ1
サラダ油…大さじ2	白いりごま…大さじ1

● 作り方

1 れんこんは乱切りにする。鶏肉は繊維を断つようにそぎ切りにし、ポリ袋に入れて酒を揉み込み、片栗粉をまぶす。

2 フライパンに油を熱し、鶏肉を焼く。鶏肉に火が通ったられんこんを加え、全体に油がまわったらAを加えて水分が飛ぶまで炒め、いりごまをかける。

れんこんは水煮を
使っているから
調理ラクラク

1人分
190円
2人分379円

和風になりがちな味付けを
コチュジャンでピリ辛に！

あおさ唐揚げ

1人分
101円
2人分 201円

昔から食べている
思い出の味。
視聴者さんからも
人気です

二度揚げするときは
油が跳ねるから
注意！

● 材料（2人分）

鶏むね肉…1枚 201円

A 酒…大さじ1
　あおさ…小さじ2
　チューブにんにく…小さじ½
　塩…ひとつまみ

米粉（なければ片栗粉）…大さじ3

揚げ油…適量

● 作り方

1 鶏肉は食べやすい大きさに切り、ポリ袋に入れたらAを加えて揉み込み、米粉をまぶす。

2 鍋に揚げ油を160度に熱し、鶏肉を揚げる。衣が固まってきたら一度取り出し、5分ほど置いたら、180度の揚げ油で衣がカラッとするまで二度揚げする。

ヨーグルトソースを添えて食べる

フライドチキン

1人分
129円
2人分258円

● 材料（2人分）

鶏手羽元…8本 248円

A　水…50㎖

　　天ぷら粉…30g

　　コンソメスープの素…小さじ1

　　オールスパイス…小さじ½

　　ナツメグ…少々

揚げ油…適量

＜ヨーグルトソース＞

　　プレーンヨーグルト（無糖）

　　　…大さじ2 10円

　　マヨネーズ…大さじ3

　　レモン汁…小さじ2

　　チューブにんにく

　　　…小さじ1

　　塩…少々

● 作り方

1 手羽元は骨に沿ってキッチンバサミで切り込みを入れ、手でたたく。＜ヨーグルトソース＞の材料は混ぜ合わせる。

2 ポリ袋にAを入れて混ぜ合わせ、1を入れて揉み込み、15分ほど置く。

3 鍋に揚げ油を160度に熱し、2を揚げる。しっかり中まで火が通ったらいったん取り出し、5分ほど置き、180度の揚げ油で表面がカラッとするまで二度揚げする。ヨーグルトソースを添える。

ソースを
たっぷりつけて
かぶりつこう！

手羽元に
切り込みを入れると
火が通りやすく
なります

キムチ×チーズの最強コンビ

レンチン鶏キムチ

1人分
212円
2人分 424円

＼レンジで
簡単♪ ／

● **材料（2人分）**

玉ねぎ…½個　[36円]
ニラ…½束　[63円]
鶏もも肉…½枚　[167円]
A｜しょうゆ…大さじ1
　｜ごま油…大さじ1
　｜砂糖…小さじ2
　｜チューブにんにく…小さじ1
　｜塩、こしょう…各少々
白菜キムチ…150g　[112円]
とけるスライスチーズ…2枚　[46円]

● **作り方**

1 玉ねぎは5mm幅に、ニラは5cm長さに切る。鶏肉は小さめの一口大に切り、Aとともに耐熱容器に入れて混ぜ合わせる。

2 鶏肉を入れた容器に玉ねぎ、キムチを加えて混ぜ合わせ、ラップをふんわりとかけたら電子レンジで6分30秒加熱する。いったん取り出して、ニラとチーズを加え、ラップはかけずに3分加熱する。

丼や焼きうどんに
するのもおすすめ

れんこんでシャキシャキ食感!

おからチキンナゲット

1人分
133円
2人分 266円

／ ジャンキーなのに
ヘルシー ＼

● 材料（2人分）

鶏ひき肉…200g **180円**
れんこん水煮（スライス）…10枚 **40円**
A｜卵…1個 **19円**
　｜おからパウダー…大さじ3 **27円**
　｜片栗粉…大さじ3
　｜しょうゆ…大さじ1
　｜チューブにんにく…小さじ1
　｜塩、こしょう…各少々
　｜ナツメグ…少々
サラダ油…大さじ3
トマトケチャップ、マスタード…適量

● 作り方

1 れんこんは粗みじん切りにする。

2 ポリ袋に鶏肉とれんこん、Aを入れてよく揉む。

3 冷たいフライパンに油を入れ、小判形に成形した2を並べ入れたら火にかけ、両面こんがりと揚げ焼きにする。ケチャップとマスタードを添える。

成形するとき、
手にサラダ油を塗ると
くっつきにくいです

チーズ入りでごちそう感アップ

ご褒美
ハンバーグ

180度のオーブンで
20分くらい焼いても◎

節約しててもたまに
ご褒美Dayを作ると
やる気アップ!

卵はスクランブルエッグ
にして上にのせても◎

 メインのおかず

1人分
195円
2人分389円

● 材料（4個分）

玉ねぎ… ½個　36円
オリーブオイル…大さじ1
合いびき肉…200g　216円
A｜卵…1個　19円
　｜パン粉…大さじ3　27円
　｜牛乳…大さじ1　3円
チューブにんにく…小さじ1
ナツメグ…少々
塩、こしょう…各少々
ベビーチーズ…4個　88円
＜ソース＞
　トマトケチャップ…大さじ3
　みりん…大さじ2
　中濃ソース…大さじ1
　ウスターソース…小さじ2
　チューブにんにく…小さじ1
コーン缶、ミニトマト…お好みで各適量

● 作り方

1 玉ねぎはみじん切りにして耐熱容器に入れ、オリーブオイルをかける。ラップをかけ、電子レンジで1分30秒加熱し、粗熱を取る。

2 ボウルにAを入れて混ぜ合わせ、1の玉ねぎ、ひき肉、にんにく、ナツメグ、塩、こしょうを加えてよくねる。¼に切ったチーズを等分して中に入れて小判型に成形する（やわらかい場合はパン粉を足す）。

3 冷たいフライパンに油はひかずに2を並べ入れ焼く。焼き色がついたら裏返し、水150mℓを加えてふたをして弱火で蒸し焼きにする。

4 フライパンをきれいにして＜ソース＞の材料を入れ、ひと煮立ちさせ、3にかける。お好みでコーンとミニトマトを添える。

安くておいしい！
とんぺい焼き

1人分
76円
2人分152円

● 材料（2人分）

豚こま切れ肉
　…100g　97円
キャベツ…⅛個　17円
卵…2個　38円
白だし…大さじ1
塩、こしょう…各少々
サラダ油…小さじ2
お好み焼きソース…適量
マヨネーズ…適量
青のり…お好みで適量

ビールもご飯もすすむ
万能おかず！

● 作り方

1 キャベツは太めのせん切りにする。卵は白だしを加えて溶きほぐす。

2 フライパンに油小さじ1を熱し、豚肉を炒める。色が変わってきたらキャベツを加え、しんなりしてきたら塩、こしょうをふり、いったん取り出す。

3 フライパンをきれいにしたら油小さじ1を熱し、1の卵を流し入れ、半熟になったら2をのせて巻く。ソース、マヨネーズ、お好みで青のりをかける。

マヨネーズでこってり味

キャベツとソーセージの しょうゆマヨ炒め

● 材料（2人分）

キャベツ … ¼個 34円	マヨネーズ … 大さじ1
ピーマン … 2個 54円	しょうゆ … 大さじ1
ソーセージ … 4本 92円	黒こしょう … 少々
ごま油 … 大さじ1	

● 作り方

1 キャベツはざく切り、ピーマンは縦6等分に切る。ソーセージは斜め輪切りにする。

2 フライパンにごま油を熱し、ピーマンとソーセージを炒める。油がまわったらキャベツを加え、さらに炒める。

3 野菜がしんなりとしてきたらマヨネーズとしょうゆを加えて混ぜ合わせ、黒こしょうをふる。

ササッと
炒めるだけ

1人分
90円
2人分180円

ごま油が香ばしく
箸がすすむ一品

1人分
157円
2人分314円

水菜と豚こま、
お財布にやさしい
食材の組み合わせ♪

火が通りやすい
食材ばかりだから
時短

シャキシャキ食感×豚肉のうまみ

水菜と豚肉の炒め煮

● 材料（2人分）

水菜 … 2株 68円	A 水 … 100㎖
えのきだけ … 1袋 100円	しょうゆ … 大さじ2
豚こま切れ肉	酒 … 大さじ2
… 150g 146円	チューブしょうが … 大さじ1
	砂糖 … 小さじ2
	白いりごま … 大さじ1

● 作り方

1 水菜とえのきは食べやすい大きさに切る。

2 フライパンを熱し、豚肉を炒める。色が変わってきたらえのきを入れて炒める。火が通ったらAを加えて加熱する。

3 煮詰まってきたら水菜を加えて炒め合わせ、いりごまをふる。

卵を使って
ふわっと焼く!

野菜を添えてワンプレートで豪華

たっぷりチーズの
ポークピカタ

1人分
191円
2人分 382円

● 材料（2人分）

豚ロース肉（とんかつ用）
…2枚 **284円**
塩、こしょう…各少々
小麦粉…大さじ3

A 卵…2個 **38円**
　 粉チーズ…大さじ2 **60円**
　 レモン汁…小さじ1
　 ナツメグ…少々
　 塩、こしょう…各少々
オリーブオイル…大さじ2
トマト、サニーレタス
…お好みで適量

● 作り方

1 豚肉は筋切りをしてから半分に切り、包丁の背でたたく。塩、こしょうをふり、小麦粉をはたく。

2 ボウルにAを入れてよく混ぜ、1をくぐらせる。

3 フライパンにオリーブオイルを熱し、2を両面焼く。お好みでトマトとサニーレタスを添える。

豚肉は筋切りをしてたたくことで、縮みにくくなります

豚キムチ炒めに大根をイン！

豚キム大根

大根は
レンチンで時短！

1人分
171円
2人分 341円

豚キムチに大根、
意外と合う！

●材料（2人分）

大根…⅓本 **29円**
しめじ…½パック **54円**
豚こま切れ肉…150g **146円**
白菜キムチ…150g **112円**
ごま油…小さじ1

A ┃ ポン酢しょうゆ…大さじ1
　┃ チューブにんにく…小さじ2
　┃ 鶏がらスープの素…小さじ2
　┃ うまみ調味料…2ふり

●作り方

1 大根は1.5cm幅の短冊切りにして耐熱容器に入れ、ラップをふんわりとかけて電子レンジで3分加熱する。しめじは石づきを落としてほぐす。

2 フライパンにごま油を熱し、豚肉を炒める。色が変わってきたら大根、キムチ、しめじの順に入れて炒め合わせ、Aを加えて全体を混ぜ合わせる。

木綿豆腐でボリューム感アップ

豚肉と豆腐とニラの炒め物

● 材料（2人分）

木綿豆腐…½丁 38円　　　サラダ油…大さじ1
ニラ…½束 63円　　　　　A｜しょうゆ…大さじ1
卵…2個 38円　　　　　　　｜鶏がらスープの素…小さじ1
豚こま切れ肉…150g 146円　｜塩、こしょう…各少々

● 作り方

1 豆腐は耐熱容器に入れ、電子レンジで40秒加熱し、水切りをして、食べやすい大きさに切る。ニラは5cm長さに切る。卵は溶きほぐす。

2 フライパンに油を熱し、卵を流し入れ、半熟になったら取り出しておく。

3 同じフライパンに1の豆腐を並べ入れ、焼き色がついたら端に寄せ、豚肉を入れて炒める。豚肉に火が通ったらニラとAを加えてさっと炒め合わせ、卵を戻し入れて全体を混ぜ合わせる。

1人分 143円
2人分285円

食べごたえ十分

豆腐は厚揚げで作ってもおいしいです

1人分 210円
2人分419円

お好みのきのこを何でも入れて!

きのこは値段が安定しているので節約の味方!

バターが香るきのこたっぷり炒め

豚ときのこのバターしょうゆ炒め

● 材料（2人分）

エリンギ…1パック 128円　　サラダ油…大さじ1
えのきだけ…½パック 50円　塩、こしょう…各少々
豚こま切れ肉…200g 194円　A｜バター…20g 37円
もやし…½袋 10円　　　　　　｜しょうゆ…大さじ2
　　　　　　　　　　　　　　　｜酢…大さじ1
　　　　　　　　　　　　　　　｜酒…大さじ1

● 作り方

1 エリンギは長さを半分に切って薄切りにする。えのきは石づきを落として長さを半分に切る。

2 フライパンに油を熱し、豚肉を炒める。豚肉の色が変わってきたら、エリンギ、えのき、もやしを加えて塩、こしょうをふって炒める。しんなりしたらAを加えて全体を混ぜ合わせる。

カラフルで食卓が盛り上がる

肉巻きピーマン

1人分
246円
2人分491円

肉詰めが
面倒なら
巻くのです！

> めん棒でのばすことで
> 肉同士がくっつきます

● 材料（2人分）

ピーマン…2個 54円	とけるスライスチーズ…1枚 23円
パプリカ（赤、黄）	バター…10g 19円
…各½個 158円	A｜トマトケチャップ…大さじ2
豚バラ肉（薄切り）	｜みりん…大さじ2
…5枚 237円	｜マスタード…小さじ2
塩、こしょう…各少々	

● 作り方

1 ピーマンとパプリカは縦細切りにする。豚肉はパックから出して重なった状態のままラップの上に広げ、めん棒などでのばし、塩、こしょうをふる。

2 豚肉にピーマンとパプリカ、チーズを手で4等分にさいてのせ、端からくるくると巻く。

3 フライパンを熱し、2を焼く。焼き色がついたら、バターを加えふたをして弱火で蒸し焼きにする。火が通ったらAを加え、からめながら照りが出るまで焼く。

1人分
151円
2人分301円

お弁当に入っていたら
テンション上がる！

> 余分な脂を拭き取ることで、
> 味がなじみやすくなります

お弁当のおかずにも

肉巻きえのき

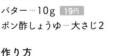

● 材料（2人分）

豚バラ肉（薄切り）…4枚 182円
えのきだけ…1袋 100円
塩、こしょう…各少々
バター…10g 19円
ポン酢しょうゆ…大さじ2

● 作り方

1 豚肉は長さを半分に切る。えのきは石づきを落としてほぐす。

2 えのきを⅛量ずつ豚肉で巻き、手でぎゅっと握り、密着させる。

3 フライパンを熱し、2の巻き終わりを下にして並べ入れ焼く。火が通ったら余分な脂を拭き取り、塩、こしょう、バター、ポン酢を加えてからめる。

豚こまを使って肉々しく!

豚肉たっぷり餃子

チーズも
入っているから
大満足♪

1人分
159円
2人分318円

● 材料(2人分)

キャベツ … ⅛個　17円
塩 … 小さじ½
豚こま切れ肉 … 150g　146円
A┌ オイスターソース … 大さじ2
　├ チューブしょうが … 小さじ2
　└ チューブにんにく … 小さじ2
ピザ用チーズ … 50g　81円
餃子の皮 … 20枚　74円
ごま油 … 大さじ1

● 作り方

1　キャベツは粗みじん切りにして塩をふり混ぜ、水気を絞る。豚肉は細かく切る。

2　ボウルに1とAを入れてこねる。チーズを加えてさらにこね、餃子の皮で包む。

3　冷たいフライパンにごま油を引き、2を並べ入れて焼く。焼き色がついたら水100㎖を加えてふたをして蒸し焼きにする。お好みでポン酢とラー油をつけて食べる。

豚こまで**コスパ**と
食べごたえUP!

カリッとした油揚げから肉汁がじゅんわり

油揚げ餃子

1人分
137円
2人分274円

● 材料（8個分）

キャベツ … ⅛個　17円

塩 … 小さじ½

長ねぎ … 10cm　19円

いなり寿司用の正方形の油揚げ … 4枚　76円

豚ひき肉 … 150g　162円

A｜片栗粉 … 大さじ2

　｜オイスターソース … 大さじ2

　｜酒 … 大さじ1

　｜チューブにんにく … 小さじ2

　｜塩、こしょう … 各少々

サラダ油 … 大さじ½

ポン酢しょうゆ … 大さじ2〜3

ラー油 … 少々

● 作り方

1　キャベツは粗みじん切りにして塩をふり混ぜ、水気を絞る。長ねぎはみじん切りにする。油揚げは半分に切る。

2　ボウルに豚肉、キャベツ、半量の長ねぎ、Aを入れて混ぜ合わせ、油揚げの中に詰める。

3　フライパンに油を熱し、2を並べ入れて焼く。焼き色がついたら裏返し、水50mℓを加えてふたをして蒸し焼きにする。ポン酢、ラー油、残りの長ねぎを混ぜたたれをつけて食べる。

四辺がとじてある
油揚げを使います

油揚げだと
包む手間が
少なくて時短に！

中華の素を使わなくてもできる

もやし麻婆豆腐

1人分
74円
2人分147円

豆板醤とラー油の量は
お好みで調節を

● 材料（2人分）

木綿豆腐…½丁　38円
鶏ひき肉…100g　90円
もやし…1袋　19円
ごま油…大さじ1
豆板醤…大さじ1
チューブしょうが…小さじ1
A｜酒…大さじ2
　｜オイスターソース…大さじ1
　｜水…150ml
　｜鶏がらスープの素…小さじ2
　｜片栗粉…小さじ2
ラー油…小さじ1
小ねぎ（小口切り）…適量

● 作り方

1　豆腐はさいの目切りにして耐熱容器に入れ電子レンジで1分30秒加熱し、水切りをする。Aは混ぜ合わせておく。

2　フライパンにごま油を熱し、鶏肉を炒める。色が変わったら、もやし、豆板醤、しょうがを加え炒める。もやしに火が通ったらAと豆腐を入れて加熱し、とろみがついたらラー油を入れて混ぜ、小ねぎをかける。

もやしと豆腐で
激安なのに激うま！

さばはよく
安くなるので
おすすめ！

梅風味タルタルが
魚に合う！

揚げさばの
タルタルソース

1人分
164円
2人分 327円

明太タルタルにしても
おいしいですよ

● 材料（2人分）

骨取りさば…2切れ 296円

酒…大さじ1

塩…少々

小麦粉…適量

揚げ油…適量

水菜、ミニトマト
　…お好みで各適量

＜タルタルソース＞

卵…1個 19円

梅干し…1個 12円

マヨネーズ…大さじ2

酢…小さじ2

赤しそふりかけ…適量

作り方

1 さばは酒と塩をふってしばらくおき、水で洗ったら水気を拭き取り、小麦粉をまぶす。

2 フライパンに揚げ油を熱し、さばをカラッと揚げる。

3 ＜タルタルソース＞を作る。卵は耐熱容器に入れ、ざっと溶きほぐしたらふんわりとラップをかけて電子レンジで50秒加熱する。卵をフォークなどでつぶし、たたいた梅干し、マヨネーズ、酢、赤しそふりかけを加えてよく混ぜ、**2**にかける。お好みで水菜とミニトマトを添える。

魚焼きグリルで
焼いてもOK！

1人分
148円
2人分296円

ゆずこしょうとマヨネーズが
クセになる組み合わせ

ゆずこしょうで爽やか

さばの
ゆずこしょうマヨ焼き

● 材料（2人分）

骨取りさば…2切れ 296円	A マヨネーズ…大さじ2
酒…大さじ1	酒…大さじ1
塩…少々	ゆずこしょう…小さじ2

● 作り方

1 さばは酒と塩をふりしばらくおき、水で洗い、水気を拭き取ったら皮目に十字に切り込みを入れる。Aは混ぜ合わせる。

2 さばにAをまぶし、180度に予熱したオーブンで20分焼く。

さけでもさわらでも
おいしい味付け

1人分
148円
2人分296円

魚焼きグリルで焼く場合は
天板やホイルを敷いて焼い
てください

スパイシーで大人味

さばの七味焼き

● 材料（2人分）

骨取りさば…2切れ 296円	A 白だし…大さじ1
酒…大さじ1	食べるラー油…小さじ2
塩…少々	白いりごま…小さじ2
	ごま油…小さじ1
	七味とうがらし…小さじ1
	小ねぎ（小口切り）…適量
	ポン酢しょうゆ…大さじ2
	レモン汁…小さじ1

● 作り方

1 さばは酒と塩をふりしばらくおき、水で洗い、水気を拭き取ったら皮目に十字に切り込みを入れる。Aは混ぜ合わせる。

2 さばにAをまぶし、180度に予熱したオーブンで20分焼き、小ねぎ、ポン酢、レモン汁をかける。

淡泊な白身魚と濃い味の甘酢が合う

たらの甘酢あんかけ

1人分 **240**円
2人分 479円

たら以外にも
お好みの
白身魚でOK

● 材料（2人分）

玉ねぎ…½個　36円
にんじん…½本　31円
たらの切り身…2切れ　412円
片栗粉…大さじ3
サラダ油…大さじ3
＜甘酢＞
　水…100㎖
　トマトケチャップ…大さじ2
　酢…大さじ2
　しょうゆ…小さじ2
　砂糖…小さじ1
　片栗粉…小さじ1
小ねぎ（小口切り）…お好みで適量

● 作り方

1　玉ねぎは繊維に沿って薄切り、にんじんはせん切りにする。たらは食べやすい大きさに切り、片栗粉をまぶす。

2　フライパンに油を熱し、たらを焼き、火が通ったらいったん取り出しておく。

3　同じフライパンに玉ねぎとにんじんを入れて炒める。＜甘酢＞の材料を混ぜ合わせて加え、とろみがつくまで加熱したら2を戻し入れ、からめる。お好みで小ねぎをかける。

ご飯のすすむ
魚メニュー!

ソースが決め手の和風ムニエル

たらのムニエル

1人分
252円
2人分 503円

● 材料（2人分）

たらの切り身…2切れ 412円
酒…大さじ1
塩…少々
小麦粉…大さじ2
しめじ…½パック 54円
バター…20g 37円
A 酢…大さじ2
しょうゆ…大さじ1
酒…大さじ1
チューブにんにく…小さじ1

● 作り方

1 たらは酒と塩をふりしばらくおき、水で洗い、水気を拭き取り、小麦粉をまぶす。しめじは石づきを落としてほぐす。

2 フライパンにバターを熱し、たらを皮目から焼く。両面焼き色がつき中まで火が通ったら取り出す。

3 同じフライパンにしめじとAを入れて煮詰め、2にかける。

きのこのソースで
ボリュームアップ

たらはいつも安いので
家計が助かります

たれをからめて煮魚風に

めかじきの梅しょうが焼き

● 材料（2人分）

めかじき…2切れ 316円
片栗粉…大さじ2
バター…10g 19円
A | 梅干し…1個 12円
　 | みりん…大さじ2
　 | 酒…大さじ1
　 | しょうゆ…小さじ2
　 | チューブしょうが…小さじ1
　 | 砂糖…小さじ1
カイワレ菜…お好みで適量

● 作り方

1 めかじきは片栗粉をまぶす。

2 フライパンにバターを熱し、めかじきを
焼く。片面に焼き色がついたら裏返し、
Aを入れて梅干しをつぶしながらからめ
て焼き、お好みでカイワレ菜を飾る。

めかじきの他に
ぶりや生鮭でも♪

魚が苦手なお子さんでも
食べられると思います

野菜入りのあんかけで彩り豊か

さわらの中華あんかけ

1人分
182円
2人分364円

● 材料

にんじん…⅓本 `21円`
エリンギ…1本 `43円`
ニラ…⅓束 `42円`
さわら…2切れ `258円`
片栗粉…大さじ2
A｜水…100㎖
　｜しょうゆ…大さじ1
　｜酒…大さじ1
　｜鶏がらスープの素…小さじ2
　｜砂糖…小さじ1
ごま油…大さじ1

● 作り方

1 にんじんはせん切り、エリンギは縦に薄切り、ニラは4㎝長さに切る。さわらは片栗粉をまぶす。Aは混ぜ合わせる。

2 フライパンにごま油を熱し、さわらを皮目から並べ入れ焼く。両面焼き、中まで火が通ったら取り出す。

3 同じフライパンににんじんとエリンギを入れて炒め、火が通ったらニラとAを加え、ひと煮立ちさせ、2にかける。

ニラの代わりに
にんにくの芽を
入れても◎

さわらが高いときは
たらやさばでもOK!

043

夫婦円満の「食」の秘訣

Q レシピのアイデアはどうやって思いつきますか？

ちび子：調理関係の仕事をしているので、仕事中に考えることが多いです。レシピ本やテレビの料理番組がヒントになることもありますし、あとは、食べ物系のドラマが好きでよく見ています！（『きのう何食べた？』、『孤独のグルメ』などです）

Q レシピは暗記しているのですか？

ちび子：特にメモなどで記録している訳ではないんですよね。その日ごとに気分によって味付けが変わったり、安い具材が違ったりするので、作りたいように作るという感じです。

Q メニューのリクエストはどうやってしますか？

ちび太：「食べたい」と思うときにすぐ口に出しています。リクエストにいつも応えてくれるのでありがたいです。

Q ちび太さんも料理をしますか？

ちび太：たまにしますが、正直苦手です。作りたい料理があるときに、ちび子に手伝ってもらいながら一緒に作ることが多いです。

Q 食べた感想を伝えるとき、気にかけていることはありますか？

ちび太：おいしいと思ったときはちゃんと「おいしい」と言葉にするのは大事だなと、最近自分が料理して褒められたときに思いました。

ココ大事↓

気持ちは口に出して伝える。
ごはん作りの大変さは忘れない。

PART2

サブの
おかず

1人分10円台からできる！ パパッと作れる副菜が大集合。
凝った手順はほぼないので、
ずぼらさんでもすぐプラス1品が可能です。

YouTube支持率No.1サラダ

きゅうりとツナの
かにかまサラダ

1人分
90円
2人分 179円

● 材料（2人分）

きゅうり…1本 `63円`
かに風味かまぼこ…4本 `30円`
ツナ缶…1缶（70g） `86円`
A ┃ マヨネーズ…大さじ2
┃ 酢…小さじ2
┃ 塩、こしょう…各少々

● 作り方

1 きゅうりはせん切りにする。かに風味かまぼこはほぐす。

2 ボウルに、きゅうり、かに風味かまぼこ、油分を切ったツナ缶、A を入れてあえる。

かにかまの赤で
彩りきれい

大好物の
一推しサラダです!

スライサーを
使ってもOK!

ちょっぴり和風な
感じがいけます

せん切りごぼうがシャキシャキ!

ごぼうサラダ

1人分
82円
2人分163円

● 材料（2人分）

ごぼう…70g 98円	A マヨネーズ…大さじ2
にんじん…½本 31円	白すりごま…大さじ1
水菜…1株 34円	チューブわさび…小さじ1
	うまみ調味料…2ふり
	塩、こしょう…各少々

● 作り方

1 ごぼうとにんじんはせん切りにしてごぼうは水にさらす。水菜は3cm長さに切る。

2 鍋に湯を沸かし、ごぼうとにんじんをさっとゆで、水気を切る。

3 ボウルにAを入れて混ぜ合わせ、2と水菜を入れてあえ、塩、こしょうで味をととのえる。

水菜は短めに切ると
食べやすい

パンチのある味付けがやみつき

水菜サラダ

1人分
44円
2人分87円

● 材料（2人分）

水菜…2株 68円	A 食べるラー油…大さじ1
	白いりごま…大さじ1
	チューブにんにく…小さじ1
	塩昆布…ひとつまみ 19円

● 作り方

1 水菜は4cm長さに切る。

2 ボウルに水菜とAを入れてよくあえる。

水菜を切ってあえるだけ
なので、あと1品欲しいと
きにおすすめ!

お肉がない日も
ツナ缶があれば
問題ない!

ツナ缶は
オイル漬けのものを
使いましょう

オイスターソースで濃い味に

ツナとじゃがいもの炒め煮

1人分
157円
2人分 314円

● 材料（2人分）

じゃがいも…3個 216円
ツナ缶…1缶（70g） 86円
A 水…200㎖
　酒…大さじ2
　オイスターソース…大さじ1と½
　白いりごま…大さじ1
　砂糖…大さじ1
　みりん…大さじ1
　鶏がらスープの素…小さじ1
冷凍いんげん…4〜5本 12円

● 作り方

1 じゃがいもは食べやすい大きさに切る。

2 フライパンを熱し、じゃがいもとツナ缶をオイルごと入れて炒める。じゃがいもの表面が透明になってきたらAを入れて煮込む。

3 汁気が飛んでじゃがいもに火が通ったらいんげんをちぎって加え、解凍されるまで加熱する。

小松菜×ツナ缶

こまツナ

● 材料（2人分）

小松菜…1袋 136円
にんじん…½本 31円
ツナ缶…1缶（70g） 86円
削り節…3g（小袋1袋） 20円
ポン酢しょうゆ…大さじ2

ツナ缶は常にストックしておくと便利です

● 作り方

1 小松菜は食べやすい大きさに切る。にんじんは細切りにする。

2 耐熱容器に1を入れふんわりとラップをかけ、電子レンジで2分加熱し、粗熱を取ったら水気を絞る。

3 2に油分を切ったツナ缶、削り節、ポン酢を入れてよくあえる。

野菜もしっかりとれる一品

サブのおかず

生の豆苗はシャキシャキフレッシュ

豆苗は再生栽培し、2回目はスープで2度おいしい♪

3分でできる！

豆苗サラダ

● 材料（2人分）

豆苗…1パック 103円
きゅうり…½本 32円
ミニトマト…5個 75円

A マヨネーズ…大さじ2
ポン酢しょうゆ…大さじ1と½
白いりごま…小さじ1
削り節…3g（小袋1袋） 20円

● 作り方

1 豆苗は種と根の部分を取り長さを半分に切る。きゅうりは薄い輪切りにする。ミニトマトは半分に切る。

2 ボウルにAを入れてよく混ぜ合わせる。

3 2に1を入れてよくあえる。

クリームチーズ味で
まろやか

ポテサラ

1人分
137円
2人分 274円

● 材料（2人分）

じゃがいも … 2個　144円
玉ねぎ … ¼個　18円
ツナ缶 … 1缶（70g）　86円
A　マヨネーズ … 大さじ3
　　酢 … 大さじ2
　　粒マスタード … 大さじ1
　　クリームチーズ … 10g　26円
塩、こしょう … 各少々

● 作り方

1　じゃがいもは1cm厚さの輪切りにして耐
熱容器に入れ、ラップをふんわりとかけ
電子レンジで3分加熱する。玉ねぎは、
5mm幅に切り、加熱が終わったじゃがい
もの入った耐熱容器に加え、ラップをふ
んわりとかけ、続けて電子レンジで1分
30秒加熱する。

2　1が熱いうちにボウルに油を切ったツナ
をAとともに入れ、じゃがいもをつぶしな
がらよく混ぜ、塩、こしょうで味をととの
える。

じゃがいもが
熱いうちに混ぜることで
クリームチーズが
溶けます

生野菜なしなので
次の日もおいしい

1人分
73円
2人分146円

紫玉ねぎで
おしゃれな
仕上がりに

削り節のうまみが効いた!

ポテトの細切り和風サラダ

● 材料（2人分）

じゃがいも…1個 　72円
紫玉ねぎ…½個 　54円
A ┌ マヨネーズ…大さじ2
　│ 酢…大さじ1
　│ うまみ調味料…3ふり
　└ 塩、こしょう…各少々
削り節…3g（小袋1袋） 　20円

● 作り方

1 じゃがいもは細切りにして耐熱容器に入れ、ラップをふんわりとかけ電子レンジで2分加熱し、粗熱を取る。紫玉ねぎは薄切りにする。

2 ボウルに1とAを入れてあえ、削り節を加えてさっと混ぜる。

「ポテサラを作るほど
じゃがいもがないな」
というときにいいです

レンチンで粉ふきいも風

じゃがいもの
あおさクリームチーズ

クリームチーズを
とかすようにあえて

1人分
98円
2人分196円

磯の香りが引き
たちます

● 材料（2人分）
じゃがいも … 2個 144円
クリームチーズ … 20g 52円
あおさ … 小さじ1
塩 … 少々

● 作り方

1 じゃがいもは食べやすい大きさに切ったら水で濡らしラップをふんわりとかけ、電子レンジで3分30秒加熱する。

2 1が熱いうちにクリームチーズを入れてあえる。あおさを加え混ぜ、塩で味をととのえる。

1人分
61円
2人分121円

天かすが
おいしさの
決め手

なすバージョンも
「うま〜」ですよ！

レンジであっという間に加熱！

レンチンピーマンの
和風あえ

● 材料（2人分）
ピーマン … 1個 27円
ミニトマト … 5個 75円
ごま油 … 大さじ1
塩昆布 … ひとつまみ 19円
白だし … 小さじ2
天かす … 適量

● 作り方

1 ピーマンは食べやすい大きさに切る。

2 耐熱容器に、1、切り込みを入れたトマト、ごま油を入れてラップをふんわりとかけ、電子レンジで1分加熱する。

3 塩昆布と白だしを入れてあえ、天かすをかける。

とろっとふんわり

長いものとろとろ焼き

1人分
67円
2人分 134円

●材料（2人分）

長いも…200g　98円
キャベツ…⅙個　17円
卵…1個　19円
天ぷら粉…大さじ4
白だし…大さじ1
サラダ油…小さじ1
＜トッピング＞
　お好み焼きソース、マヨネーズ、削り節
　…お好みで各適量

●作り方

1 長いもはすりおろす。キャベツはせん切りにする。

2 ボウルにキャベツ、卵、天ぷら粉、白だしを入れ混ぜる。長いもを加えてさらに混ぜる。

3 フライパンに油を熱し、**2**を流し入れ、両面焼き、半分に折りたたむ。お好みで＜トッピング＞をして食べる。

ワンパンで
楽勝

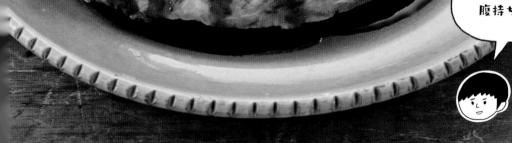

長いもたっぷりで
腹持ち抜群！

053

巾着形がかわいい

おから爆弾

1人分
63円
2人分126円

● 材料（2人分）

油揚げ…2枚　35円

にんじん…½本　31円

こんにゃく（アク抜き不要）…¼個　23円

おから…100g　37円

A｜水…350mℓ
　｜しょうゆ…大さじ2
　｜みりん…大さじ2
　｜砂糖…大さじ1
　｜チューブしょうが…小さじ1

● 作り方

1　油揚げはキッチンペーパーの間に1枚ずつはさみ、箸を上から転がし、半分に切り中を開く。にんじんとこんにゃくはみじん切りにする。

2　ボウルにおから、にんじん、こんにゃくを入れて混ぜ合わせ、油揚げに詰め、ようじなどで口をとじる。

3　鍋に、2とAを入れてふたをして15分ほど煮込む。

油揚げは袋状に開けるものを使ってください

ひき肉や卵を入れても
おいしいです

かにかまあんかけ豆腐

サブのおかず

＼ あんがとろ〜り ／
中華風

● 材料（2人分）

絹ごし豆腐…½丁 38円
かに風味かまぼこ…2本 15円
A｜水…50㎖
　｜麺つゆ（3倍濃縮）…大さじ1
　｜鶏がらスープの素…小さじ1
　｜片栗粉…小さじ1
　｜チューブしょうが…小さじ1
　｜うまみ調味料…2ふり
小ねぎ（小口切り）…適量

● 作り方

1 豆腐は半分に切り、耐熱容器に入れラップをふんわりとかけて電子レンジで30秒加熱し、水を切り、器に盛っておく。かに風味かまぼこは細くさく。

2 耐熱容器にかに風味かまぼことAを入れて混ぜ、ラップをふんわりとかけて電子レンジで40秒加熱する。一度取り出し、全体を混ぜ、再びラップをして40秒加熱する。

3 豆腐に2をかけ、小ねぎをちらす。

食欲がなくても
食べやすくヘルシー！

長ねぎがとろっとおいしい

焼きねぎのあえもの

1人分
28円
2人分56円

豆板醤の量は
好きな辛さに
調節を!

● 材料（1人分）

長ねぎ…30cm **56円**
酢…大さじ2
ごま油…大さじ1
豆板醤…小さじ1
砂糖…小さじ1

● 作り方

1　長ねぎは5cm長さの輪切りにする。

2　フライパンにごま油を熱し、ねぎを並べ
入れ焼く。

3　ボウルに酢、豆板醤、砂糖を入れて混ぜ、
焼き上がった2をあえる。

ズッキーニや
かぼちゃでも
おいしいです

たっぷり野菜のさっぱり副菜

もやしと水菜の
梅ポン酢あえ

1人分
58円
2人分116円

梅干しの代わりに
梅ペーストでもOK!

● 材料（2人分）
もやし…1袋 `19円`
水菜…1株 `34円`

A 梅干し…2個 `25円`
　 ポン酢しょうゆ…大さじ1
　 白いりごま…小さじ2
　 塩昆布…ふたつまみ `38円`

● 作り方

1　もやしは耐熱容器に入れラップをふんわりとかけ、電子レンジで1分30秒加熱する。水菜は食べやすい大きさに切る。Aの梅干しは種をとり包丁でたたく。

2　ボウルに1とAを入れてあえる。

僕でも作れる
くらい簡単なので
お試しあれ!

サブのおかず

1人分
96円
2人分192円

冷やして食べるのが
おすすめ!

天かすは食べる直前に
かけでも◎

油が染みたなすがうまい!

なすとトマトの
天かすあえ

● 材料（2人分）
なす…1本 `56円`
トマト…1個 `136円`
ごま油…大さじ1

A 天かす…大さじ3
　 麺つゆ（3倍濃縮）…大さじ1
　 ラー油…小さじ1
　 塩昆布…ひとつまみ

● 作り方

1　なすは乱切り、トマトは食べやすい大きさに切る。

2　フライパンにごま油を熱し、なすを焼く。

3　ボウルにA、なす、トマトを入れてあえる。

057

ひじき煮がヘルシーサラダに変身

ひじきサラダ

ほうれん草の代わりに
菜の花を使っても◎

● 材料（2人分）

ほうれん草…½袋 106円
市販のひじきの煮物…70g 72円

A マヨネーズ…大さじ2
白すりごま…大さじ1
酢…小さじ1
削り節…3g（小袋1袋） 20円

● 作り方

1 ほうれん草はゆでて
水気を絞り、食べや
すい大きさに切る。

2 ボウルに水気を切っ
たひじきの煮物を入れ、
ほうれん草とAを加
えてあえる。

1人分
121円
2人分241円

ひじき煮をたくさん作り
すぎたときのリメイクに
もいいです

ごま油の香りが
たまらない！

韓国のりがアクセント

韓国風トマトサラダ

1人分
82円
2人分164円

サブのおかず

● 材料（2人分）

トマト…1個 136円
サニーレタス…4枚 28円

A | しょうゆ…大さじ1
　 | ごま油…大さじ1
　 | チューブにんにく…小さじ1
　 | うまみ調味料…2ふり
韓国のり…適量

● 作り方

1 トマトはくし形切り、サニーレタスは食べやすい大きさにちぎる。Aは混ぜ合わせる。

2 器にトマトとサニーレタスを盛り、韓国のりを手でちぎってのせ、Aをかける。

Aはばらばらにかけて、
混ぜながら食べても
おいしいです

「ダシダ」などの
牛肉だしの素を使って

焼肉店の定番をおうちで

チョレギサラダ

1人分
52円
2人分103円

● 材料（2人分）

木綿豆腐…½丁 38円
水菜…1株 34円
カイワレ菜…½パック 31円

A | しょうゆ…大さじ1
　 | ごま油…大さじ1
　 | 白いりごま…小さじ2
　 | 牛肉だしの素…小さじ1
　 | チューブにんにく…小さじ1

● 作り方

1 豆腐はさいの目切りにして耐熱容器に入れ、ラップをふんわりとかけ電子レンジで1分30秒加熱し、粗熱を取る。水菜は食べやすい大きさに切る。カイワレ菜は長さを半分に切る。Aは混ぜ合わせる。

2 ボウルに、豆腐、水菜、カイワレ菜、Aを入れて混ぜ合わせる。

豆苗やレタス、きゅうり、
なんでも合います！

中に
クリームチーズを
入れるのも◎

おやつにも
食べてます♪

甘くてかわいい
さつまいも
餅

1人分
98円
2人分196円

● 材料（2人分）

さつまいも…1本（250g） 169円

A | 牛乳…大さじ3 8円
　 | 片栗粉…大さじ2
　 | 塩…少々

バター…10g 19円

トマトケチャップ…お好みで適量

● 作り方

1 さつまいもは皮をむき、輪切りにして水にさらしたら耐熱容器に入れ、ラップをふんわりとかけ電子レンジで3分30秒加熱する。

2 ボウルにさつまいもを入れてマッシャーなどでつぶしたら、Aを加えてこね、丸く成形する。

3 フライパンにバターを熱し、2を並べ入れ焼く。片面に焼き色がついたら裏返し、ふたをして蒸し焼きにする。お好みでケチャップを添える。

レンチンじゃがいもですぐできる

ジャーマンポテト

● 材料（2人分）

じゃがいも…2個 144円

エリンギ…1本 43円

ハーフベーコン（薄切り）
…4枚 75円

バター…10g 19円

A｜みりん…大さじ1
｜コンソメスープの素
｜…小さじ2
｜塩、こしょう…各少々

乾燥パセリ…お好みで適量

● 作り方

1 じゃがいもは食べやすい大きさに切り、水にさらしたら耐熱容器に入れ、ラップをふんわりとかけ電子レンジで3分加熱する。エリンギは小さめの乱切りにする。ベーコンは食べやすい大きさに切る。

2 フライパンにバターを熱し、ベーコンを炒める。油がまわったらエリンギを加え、おおよそ火が通ったらじゃがいもを加えて炒め合わせ、Aを入れて混ぜる。お好みでパセリをふる。

サブのおかず

バターの
香りが
ふわ～

余ったときはグラタンか
ナポリタンに使うのが
おすすめです

合わせておくだけ

きゅうりの漬け物

1人分
41円
2人分 **82円**

● 材料（2人分）

きゅうり…1本 63円
A 白だし…大さじ2
　酢…大さじ2
　砂糖…大さじ1
　塩昆布
　…ひとつまみ 19円

● 作り方

きゅうりを1cm幅の斜め薄切りにして保存容器に入れ、A を入れてあえ、15分ほど漬ける。

市販の
浅漬けの素に頼らず、
白だしで!

箸休めに
最適です

さきイカを
蒸し鶏に替えても
やみつきの味です

さきイカの
新しい食べ方を
提案

さきイカがあとをひくおいしさ

さきイカときゅうりの ピリ辛サラダ

1人分
132円
2人分263円

● 材料（2人分）

きゅうり…1本　63円

さきイカ…40g　200円

A｜マヨネーズ…大さじ2
　｜食べるラー油…小さじ2
　｜白いりごま…小さじ2

● 作り方

1　きゅうりはせん切りにする。さきイカは3cm長さに切る。

2　ボウルに、1とA を入れてよくあえる。

給料日前のもう1品に

ちくわと油揚げの照り焼き

1人分
43円
2人分85円

月末をしのぐ
超節約料理
です!

節約食材を
ご飯がすすむ
照り焼きに

● 材料（2人分）

ちくわ…3本 50円	A みりん…大さじ1
油揚げ…2枚 35円	砂糖…小さじ2
ごま油…小さじ1	しょうゆ…小さじ2
	黒いりごま…小さじ2

● 作り方

1 ちくわは1cm幅の斜め切りにする。油揚げは食べやすい大きさに切る。

2 フライパンにごま油を熱し、1とAを入れて炒め、黒ごまをかける。

黒こしょうを
ガリガリふっても
おいしい

1人分
78円
2人分155円

ズッキーニとマヨの
相性が最高!

ソテーしてあっという間に完成!

ズッキーニのマヨ炒め

● 材料（2人分）

ズッキーニ…½本 106円	A マヨネーズ…大さじ1
かに風味かまぼこ…4本 30円	しょうゆ…小さじ2
卵…1個 19円	塩、こしょう…各少々
ごま油…小さじ1	粉チーズ…お好みで適量

● 作り方

1 ズッキーニは5mm厚さの半月切り、かに風味かまぼこは1cm幅の斜め切りにする。卵は溶きほぐす。

2 フライパンにごま油を熱し、ズッキーニとかに風味かまぼこを炒める。

3 ズッキーニに火が通ったらAを加えて混ぜ、卵を流し入れて炒め合わせ、お好みで粉チーズをふる。

ホッとする
やさしい味!

じっくり電子レンジ調理で "ス" が入りにくい

レンチン茶碗蒸し

1人分
10円
2人分19円

600Wの場合は
1分〜調整しながら
加熱してください

● 材料(2人分)
卵…1個 19円
水…150㎖
白だし…大さじ2
塩…少々

● 作り方

1 ボウルに材料をすべて入れてよく混ぜ合わせる。

2 耐熱容器に1を流し入れてラップをかけ、200Wの電子レンジで4分加熱する。

夫婦円満の「食」の秘訣

Q 料理のモチベーションを上げるためにはどうしますか？

ちび子：私はおいしそうな食べ物を見ると料理したいという欲が出てくるので、韓国のモッパン（食事動画）系のYouTuberさんの配信を観ることが多いです！

Q YouTubeを撮影しながらだと、料理するのが遅くならないですか？

ちび子：多少は遅くなっているかと思いますが、iPhoneでの簡単な撮影なので、撮影していないときとそこまで時間差はないように感じていて、楽しくやっています。

Q 食事の時間にテレビは観ないのですか？

ちび太：いつも会話が絶えなくて、テレビをつけていても観ずに話していることが多いので、気づいたらつけないようになっていました。

Q 食器はどうやってそろえていますか？

ちび子：あまりこだわりはなくて、100均や大手の生活雑貨店でリーズナブルなものを買うことが多いです。最近はちび太のおばあ様の家からもらったりもしていて、ありがたいですね。

Q 外食はどんなタイミングで行きますか？ どんなところに食べに行きますか？

ちび太：外出したついでに「今日は外で食べよう」となることがほとんどです。節約に余裕があってプチ豪遊気分を味わいたいときは、ファミレスや餃子チェーンでたくさん注文します！ 2人ともラーメンが好きなので、ラーメン店巡りも多いですね。

ココ大事 ↓

食事中は
会話を楽しむ。
食事の時間は
自分たちで盛り上げる。

PART3

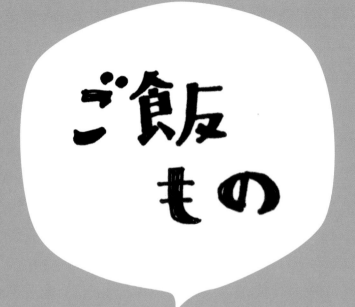

忙しくて何品も作る元気がないとき、
丼などのご飯ものは、食器も少なくすんで大助かり。
仕事が立て込んだ平日も、これで乗りきれます！

しらすたっぷりで食べる

和風オムライス

1人分
223円
2人分 445円

だしのやさしい
味がほっこり

● 材料（2人分）

えのきだけ…½袋　50円

卵…3個　57円

A｜白だし…小さじ2
　｜塩…少々

しらす干し…30g　147円

小ねぎ（小口切り）…20g　40円

バター…10g　19円

温かいご飯
　　…400g（多めの2膳分）　132円

B｜白だし…大さじ1
　｜塩、こしょう…各少々

サラダ油…小さじ2

＜たれ＞
　｜ポン酢しょうゆ…大さじ2
　｜ゆずこしょう…小さじ1

きざみのり…適量

● 作り方

1 えのきは石づきを落とし、細かく切る。卵はAを入れて溶きほぐす。＜たれ＞の材料は混ぜ合わせる。

2 フライパンにバターを熱し、えのき、しらす、小ねぎを炒める。えのきがしんなりしたらご飯を加え、Bを入れてさらに炒め、取り出す。

3 同じフライパンに油小さじ1を熱し、卵を半量流し入れ、固まったら2の半量をのせて包み、器に盛って＜たれ＞をかけ、きざみのりをちらす。残りも同じように焼く。

柑橘風味のたれが
これまたおいしいです♪

炊飯器にお任せでラクチン！

炊飯器で作るピザソースライス

1人分、
84円
2人分169円

＼薄焼き卵で巻いて
オムライスにしても／

● 材料（4人分）

ソーセージ…4本　92円
米…2合　218円
ミックスベジタブル…70g　27円
ピザソース…75ml
コンソメスープの素…小さじ2
塩、こしょう…各少々

● 作り方

1 ソーセージは半月切りにする。米は30分浸水させておく。

2 炊飯器に、米、ピザソース、コンソメ、塩、こしょうを入れ、水を2合分の目盛りまで注ぎ、混ぜる。ミックスベジタブルとウインナーを入れて炊く。

調味料と水を合わせて
2合分の**水加減になる**
ように**調整してください**

ご飯もの

ジューシーな豚肉をさっぱり塩味で！

ねぎ塩豚丼

1人分
128円
2人分 256円

お好みで
レモン汁をかけると
爽やか！

● 材料（2人分）

長ねぎ…10cm　19円
豚バラ肉もしくは豚ヒレ肉（ブロック）
　…150g　237円
塩、こしょう…各少々
酒…大さじ1
A｜酒…大さじ2
　｜チューブにんにく…小さじ2
　｜鶏がらスープの素…小さじ1
温かいご飯…適量
糸とうがらし…お好みで適量

● 作り方

1　長ねぎはみじん切りにする。豚肉は5mm
　厚さに切り、包丁の背でたたく。

2　フライパンを熱し、豚肉を並べ入れ、塩、
　こしょうをふり焼く。色が変わってきたら
　酒を加え、火が通るまで加熱し、取り出
　す。

3　同じフライパンに、長ねぎとAを入れて
　加熱し、沸いたら2を戻し入れ全体にか
　らめる。

4　ご飯を盛った器に3をのせ、フライパン
　に残ったたれをかける。お好みで糸とう
　がらしをのせる。

豚こま切れ肉や鶏もも肉
でもおいしいです

ご飯を焼きつけて
おこげを作ります

チーズで辛さが
マイルドに。
スタミナめしです

1人分
258円
2人分 515円

がっつり食べたい日はコレ！

豚キムチーズめし

●材料（2人分）

玉ねぎ … ½個　36円

豚こま切れ肉
　… 120g　117円

白菜キムチ … 200g　149円

サラダ油 … 大さじ1

A｜しょうゆ … 大さじ1
　｜酒 … 大さじ1
　｜チューブにんにく … 小さじ1
　｜塩、こしょう … 各少々

温かいご飯
　… 400g（多めの2膳分）　132円

ピザ用チーズ … 50g　81円

のり … お好みで½枚

●作り方

1 玉ねぎは5mm幅に切る。

2 フライパンに油を熱し、玉ねぎを炒める。油がまわったら豚肉を加え炒め、色が変わってきたらキムチとAを入れてさらに炒め、取り出す。

3 フライパンをきれいにして、ご飯を平らになるように入れ、上に**2**とチーズをかけ、ふたをしてチーズがとけるまで加熱する。お好みでのりを手でちぎってかける。

071

厚揚げでボリューム感アップ

厚揚げと豚肉となすのピリ辛丼

1人分 **173**円
2人分 345円

なすと厚揚げに
味が染み染み

● 材料（2人分）

厚揚げ…1枚 [87円]
なす…2本 [112円]
豚こま切れ肉…150g [146円]
A みりん…大さじ2
　白いりごま…大さじ1
　コチュジャン…大さじ1
　砂糖…大さじ1
　しょうゆ…大さじ1
　チューブにんにく…小さじ1
　牛肉だしの素…小さじ1
　みそ…小さじ1
サラダ油…大さじ1
温かいご飯…適量
糸とうがらし…お好みで適量

● 作り方

1 厚揚げは食べやすい大きさに切る。なす
　は縞になるように皮をむき、1cm厚さの輪
　切りにする。Aは混ぜ合わせる。

2 フライパンに油を熱し、厚揚げを並べ
　入れ焼く。焼き色がついたらなすを加え、
　火が通ったら豚肉を入れて焼く。

3 2にAを入れてからめ、ご飯を盛った器
　にのせ、お好みで糸とうがらしをのせる。

厚揚げは
肉にも匹敵する
食べごたえですね

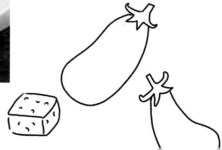

汁を吸った天かすが味わい深い

たぬき丼

● 材料（2人分）

玉ねぎ…½個 36円
卵…2個 38円
天かす…大さじ4

A 水…100ml
しょうゆ…大さじ2
みりん…大さじ2
砂糖…大さじ1
和風だしの素…小さじ2

温かいご飯…適量
きざみのり…適量

● 作り方

1 玉ねぎは薄切りにする。卵はときほぐす。

2 フライパンに、玉ねぎとAを入れて加熱し、玉ねぎに火が通ったら天かすを加え、卵を流し入れる。

3 ご飯を盛った器に2をのせ、きざみのりをかける。

1人分 **37円**
2人分74円

天かすで
天丼にだって
負けないおいしさ！

これぞ
超節約丼！

ご飯もの

1人分 **90円**
2人分179円

がんもどきは
大きめに切ると
食べごたえが出ます

お肉なしでも
ボリューム十分！

ヘルシーで食べごたえ抜群！

がんも丼

● 材料（2人分）

玉ねぎ…½個 36円
がんもどき…2個 105円
卵…2個 38円

A 水…100ml
しょうゆ…大さじ3
みりん…大さじ3
砂糖…大さじ1
白だし…大さじ1

温かいご飯…適量
小ねぎ（小口切り）…適量

● 作り方

1 玉ねぎは薄切り、がんもどきは食べやすい大きさに切る。卵は溶きほぐす。

2 フライパンに玉ねぎ、がんもどき、Aを入れて加熱し、火が通ったら卵を流し入れる。

3 ご飯を盛った器に2をのせ、小ねぎをかける。

ご飯と混ぜて
いただきます!

ビビンバ風
そぼろ丼

ひき肉だから
混ぜやすいし
食べやすい!

辛さが苦手な場合は
コチュジャンは入れずに
作ってください

● 材料（2人分）

ほうれん草…2株 84円

もやし…1袋 19円

A ごま油…大さじ1

しょうゆ…小さじ2

うまみ調味料…2ふり

絹ごし豆腐…⅓丁 25円

鶏ひき肉…150g 135円

サラダ油…小さじ1

B 焼肉のタレ…大さじ3

コチュジャン…大さじ2

しょうゆ…大さじ1

酒…大さじ1

塩、こしょう…各少々

温かいご飯…適量

白菜キムチ…100g 74円

卵黄…2個分 38円

● 作り方

1 ほうれん草はゆでて水気を絞り、食べやすい大きさに切る。もやしを耐熱容器に入れ、**A**を加えたらラップをふんわりとかけ、電子レンジで1分30秒加熱し、ほうれん草と合わせる。

2 豆腐はつぶして、水気を切る。フライパンに油を熱し、豆腐とひき肉を水分が飛ぶまで炒め、**B**を加えてさらに炒める。

3 ご飯を器に盛り、1、2、キムチ、卵黄をのせる。

冷めても
おいしい!

そぼろを作るときは、
箸を4本使うと
パラパラに仕上がります

お弁当にも!
2色そぼろ丼

1人分
109円
2人分 218円

● 材料（2人分）

玉ねぎ…¼個　18円
豚ひき肉…150g　162円
A｜しょうゆ…大さじ2
　｜砂糖…大さじ1
　｜酒…大さじ1
　｜みりん…大さじ1
チューブしょうが
　…小さじ½
卵…2個　38円
B｜砂糖…小さじ2
　｜白だし…小さじ1
温かいご飯…適量
ゆでたいんげん（斜め切り）
　…お好みで適量

● 作り方

1　玉ねぎはみじん切りにする。

2　冷たいフライパンに、玉ねぎ、豚肉、Aを入れて混ぜ合わせたら火にかけ、そぼろになるまで炒める。火が通ったらしょうがを加え混ぜ、取り出す。

3　同じフライパンに直接卵を割り入れ、Bを加えて混ぜたら、火にかけ、そぼろ状に炒める。

4　器にご飯を盛り、2と3をのせ、お好みでいんげんをのせる。

少ない材料で簡単＆節約

シンプル天津飯

1人分
85円
2人分170円

甘くない餡で
関西風！

● 材料（2人分）

卵…2個　**38円**

塩…少々

A　水…300mℓ
　　しょうゆ…大さじ2
　　みりん…大さじ1
　　鶏がらスープの素…小さじ2
　　片栗粉…小さじ2

サラダ油…小さじ2

温かいご飯…400g（多めの2膳分）　**132円**

小ねぎ（小口切り）…適量

● 作り方

1　卵は塩を加え溶きほぐす。Aは混ぜ合わ
　　せておく。

2　フライパンに油小さじ1を熱し、卵を半
　　量流し入れ、半熟になったら取り出す。
　　残りも同じように焼く。

3　フライパンをきれいにしたら、Aを入れ、
　　とろみがつくまで加熱する。

4　器にご飯を盛り、2をのせ、3を半量ず
　　つかけ、小ねぎをちらす。

餡にかにかまを
ほぐして入れると
贅沢感アップ！

ご飯を焼きそば麺にして
あんかけ焼きそばでも
おいしいです

お肉の代わりに
シーフード
ミックスでも◎

具だくさん

中華丼

材料（2人分）

チンゲン菜…1株 `68円`	A 水…200ml
にんじん…1/3本 `21円`	鶏がらスープの素…大さじ1
しめじ…1/3パック `36円`	オイスターソース…大さじ1
豚こま切れ肉	しょうゆ…大さじ1
…150g `146円`	豆板醤…小さじ2
うずらの卵（水煮）	片栗粉…小さじ2
…6個 `123円`	ごま油…大さじ1
サラダ油…小さじ1	温かいご飯…適量

作り方

1 チンゲン菜は2cm幅の斜め切り、にんじんはせん切りにする。しめじは石づきを落としてほぐす。Aは混ぜ合わせる。

2 フライパンにサラダ油を熱し、豚肉を炒める。色が変わってきたら、チンゲン菜、にんじん、しめじとうずらの卵を入れてさらに炒める。

3 2にAを加え、とろみがつくまで加熱する。最後にごま油をまわしかけ、温かいご飯の上にかける。

ピリ辛漬けだれが食欲をそそる！

かつおのたたき丼

1人分
168円
2人分 336円

見た目も
華やか！

● 材料（2人分）

かつおのたたき（刺し身）…200g　336円

A｜白いりごま…大さじ1
　｜しょうゆ…大さじ1
　｜コチュジャン…小さじ2
　｜ごま油…小さじ2
　｜チューブにんにく…小さじ1

大根のつま…適量

B｜白いりごま…小さじ1
　｜しょうゆ…小さじ1
　｜ごま油…小さじ1
　｜塩、こしょう…各少々

温かいご飯…適量

きざみのり…適量

小ねぎ（小口切り）…適量

● 作り方

1　ボウルに、Aを入れて混ぜ合わせ、かつおのたたきを10分ほど漬ける。

2　別のボウルに大根のつまと、Bを入れてあえる。

3　ご飯を盛った器に、きざみのり、2、1の順にのせ、小ねぎをかける。

大根のつまにも
味付けをするのが
ポイントです

骨取りさばでお手軽に

さば丼

1人分
148円
2人分 296円

魚が苦手な人でも
食べやすい

● 材料（2人分）

骨取りさば…2切れ `296円`

酒…大さじ1

塩…少々

片栗粉…大さじ2

A ┌ ポン酢しょうゆ…大さじ1
　├ 砂糖…大さじ1
　├ しょうゆ…大さじ1
　├ みりん…大さじ1
　├ 水…大さじ1
　└ 片栗粉…小さじ1

サラダ油…大さじ1

温かいご飯…適量

きざみのり…適量

小ねぎ（小口切り）…適量

● 作り方

1 さばは酒と塩をふってしばらくおき、水で洗ったら水気を拭き取る。食べやすい大きさに切り、片栗粉をまぶす。Aは耐熱容器に入れてラップをふんわりとかけ、電子レンジで40秒加熱する。

2 フライパンに油を熱し、さばを焼く。

3 ご飯を盛った器にきざみのりをのせ、Aを適量かけ、2をのせてさらにAをかける。最後に小ねぎをちらす。

しっかり味付けするため、たれを2回かけます！

ご飯もの

ミネラルが摂れて
栄養も◎

1人分
64円
2人分129円

給食で出た懐かしの
味を再現してみました

簡単炊き込み
わかめご飯

● 材料（4人分）

乾燥わかめ…10g 39円
米…2合 218円
白だし…大さじ2
塩…小さじ½

A| 薄口しょうゆ…大さじ2
白いりごま…大さじ1
ごま油…大さじ1
塩…少々

● 作り方

1 わかめは水で戻し、細かく切ったらAを入れて混ぜ合わせる。米は30分ほど浸水させる。

2 炊飯器に米、白だしを加えて米と同量にした水、塩、調味料を合わせたわかめを入れて軽く混ぜ、炊く。

1人分
219円
2人分438円

夜遅く食べても
**罪悪感が
少ないです**

お肉も野菜も
ワンボウルで♪

フライパンいらず！
サラダご飯

● 材料（2人分）

豆苗…½パック 52円
ミニトマト…5個 75円
玉ねぎ…½個 36円
キャベツ…⅛個 17円
豚こま肉…200g 194円

A| 薄口しょうゆ…大さじ2
砂糖…大さじ1
みりん…大さじ1
チューブにんにく…小さじ1

温かいご飯…適量
温泉卵…2個 64円
マヨネーズ…適量

● 作り方

1 豆苗は種と根の部分を取り半分に切る。ミニトマトは半分に切る。玉ねぎは5mm幅に切る。キャベツはせん切りにする。

2 耐熱容器に玉ねぎ、豚肉、Aを入れて混ぜ、ラップをふんわりとかけ、電子レンジで3分加熱する。

3 器に盛ったご飯の上にキャベツ、豆苗、トマト、2、温泉卵の順にのせ、マヨネーズをかける。

豚肉の ペッパー 焼き肉 ライス風

1人分 247円
2人分 494円

● 材料（2人分）

豚こま切れ肉…150g `146円`
ステーキソース…大さじ4
チューブにんにく…小さじ2
サラダ油…小さじ1
温かいご飯
　　…400g（多めの2膳分）`132円`
コーン缶…1缶（150g）`97円`
小ねぎ（小口切り）…50g `100円`
バター…10g `19円`

● 作り方

1 豚肉はポリ袋に入れ、ステーキソース大さじ2とにんにくを加え揉み込む。

2 フライパンに油を熱し、1を炒める。火が通ったらフライパンの真ん中をあけてご飯を入れ、おこげができるまで加熱する。缶汁を切ったコーン、小ねぎ、バターをのせ、ステーキソース大さじ2をかける。

フライパンごと食卓に！
混ぜてから食べましょう！

夫婦や家族
みんなで食べると
盛り上がります！

ご飯もの

食感が
クセに
なる！

カレールウの
種類によって、
水の量は
調整してください

長いもの
しゃきしゃき食感が楽しい

長いもの
キーマカレー

1人分
207円
2人分 413円

● 材料（2人分）

玉ねぎ…½個　**36円**
にんじん…½本　**31円**
長いも…200g　**98円**
合いびき肉…150g　**162円**
サラダ油…小さじ1
A｜水…150㎖
　｜和風だしの素…大さじ1
カレールウ…2かけ　**48円**
麺つゆ（3倍濃縮）
　　…小さじ2
温かいご飯…適量
卵黄…2個分　**38円**

● 作り方

1 玉ねぎとにんじんは粗みじん切り、長いもはさいの目切りにする。

2 フライパンに油を熱し、ひき肉を炒める。おおよそ色が変わったらにんじんを加えて炒め、油がまわったら玉ねぎを加え、ふたをして蒸し焼きにする。

3 2に火が通ったらAと長いもを加え加熱する。

4 ご飯を盛った器に3をかけ、卵黄をのせる。

にんじんの大量消費に！

にんじんカレー

にんじんライスの
オレンジ色が
きれい！

● 材料（6人分／作りやすい分量）

<にんじんライス>
- にんじん…1本 62円
- 米…2合 218円
- 水…2合分
- 塩、こしょう…各少々
- バター…20g 36円

<カレー>
- にんじん…2本 124円
- 玉ねぎ…1個 72円
- 鶏むね肉…1枚 201円
- サラダ油…大さじ1
- カットトマト缶…1缶 118円
- 水…適量
- カレールウ
  …1箱（12皿分） 195円
- ウスターソース…大さじ2
- コンソメスープの素…小さじ2

● 作り方

1 <にんじんライス>と<カレー>のにんじんは適当な大きさに切り、フードプロセッサーで細かくする。玉ねぎは5mm幅に、鶏むね肉は食べやすい大きさに切る。

2 にんじんライスを作る。炊飯器に米、塩、こしょう、水を入れてさっと混ぜ、1のにんじんの⅓量を入れ、炊く。炊きあがったらバターを加え混ぜる。

3 <カレー>を作る。フライパンに油を熱し、鶏肉を炒める。表面の色が変わったら玉ねぎと残りのにんじんを加え炒め、全体に油がまわったらトマト缶、カレールウの箱に表示された量の水を加えふたをして煮込む。具材に火が通ったらカレールウ、ウスターソース、コンソメを加えてひと煮立ちさせる。

4 器に2を盛り、3をかける。

ご飯もの

にんじんライスは
甘めに仕上がるので、
ルウは辛口が
おすすめです

残り物活用 ♪ 余りカレー消費レシピ

みんな大好きなカレー。たくさん作っておいてリメイクすれば、
ラクして飽きずに毎日のごはん作りを乗り切れます！

アッツアツを召し上がれ

カレースパグラ

○材料（2人分）

作りおきのカレー
　…1食分（レトルトカレーなら1袋）
A 豆乳…400mℓ
　小麦粉…大さじ3
　バター…20g
　コンソメスープの素…小さじ2

スパゲッティ…140g
卵…2個
ピザ用チーズ…50g
乾燥パセリ…お好みで適量

○作り方

1 フライパンに**A**を入れ、ゆっくり混ぜながら弱火で加熱する。

2 鍋に湯を沸かしスパゲッティを袋の表示通りにゆで、1に入れて合わせる。

3 耐熱容器に**2**、カレー、卵、チーズの順に重ねて入れ、220度に予熱したオーブンで3分加熱する。お好みでパセリをかける。

和風丼にアレンジ

カレーの卵とじ丼

○材料（2人分）

作りおきのカレー
　…1食分
　（レトルトカレーなら1袋）
玉ねぎ…½個
油揚げ…1枚
豚こま切れ肉…100g
みりん…大さじ2
麺つゆ（3倍濃縮）…大さじ2
卵…3個
ご飯…適量
小ねぎ（小口切り）…適量

○作り方

1 玉ねぎは薄切りにする。油揚げはキッチンペーパーで余分な油を拭き取り、食べやすい大きさに切る。

2 フライパンに玉ねぎ、油揚げ、豚肉、みりん、麺つゆ、水150ml、カレーを入れて加熱する。

3 煮詰まったら溶きほぐした卵でとじ、ご飯を盛った器にのせ、小ねぎをかける。

焼きうどんにからめてもうま〜！

焼きカレーうどん

○材料（2人分）

作りおきのカレー
　…1食分（レトルト
　カレーなら1袋）
豚こま切れ肉…150g
もやし…1袋
ゆでうどん…2玉
麺つゆ（3倍濃縮）
　…大さじ2
サラダ油…適量
卵…2個

○作り方

1 フライパンに油を熱し、豚肉を炒める。色がかわってきたらもやしを入れてさらに炒める。

2 1にうどんを加えて炒め、ほぐれてきたらカレー、麺つゆを入れて炒め、器に盛る。

3 卵を目玉焼きにして、2にのせる。

夫婦円満の「食」の秘訣

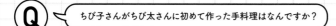

Q ちび子さんがちび太さんに初めて作った手料理はなんですか？

ちび子：親子丼、豚汁、高野豆腐の煮物、きゅうりとツナのかにかまサラダでした。選んだ理由は、ちび太が親子丼と豚汁が好きだからです。

Q 育った家庭や地域の味の違いを感じたことはありますか？　また、どうやって合わせますか？

ちび子：一番違いを感じるのは天津飯です。私は関西風が好きで、ちび太は関東風が好きなので餡を2種類作ります。お正月のお雑煮はちび太の実家の味に合わせています！

Q 一緒に暮らす前には知らなかった新しい食べ方の発見ってありましたか？

ちび太：僕はおでんにマヨネーズをかけるのですが、ちび子は姫路出身なのでおでんといえばしょうがじょうゆだと思っていたそうです。でもマヨネーズをかけてみたら意外とおいしかったらしく、びっくりしていました。

Q 韓国風など辛い料理が多い印象なのですが、同棲前から2人とも好きなのでしょうか？

ちび太：もともとはちび子が辛いものが好きで、一緒に住み始めてから僕も影響されて好きになりました。今では2人で、週に1回くらいは辛い物を食べています！

Q これまでのおうちごはんで、特に思い出のメニューを教えてください！

ちび子：ちび太がたまに作ってくれるミートスパゲティが、懐かしい味でとても好きです。
ちび太：この本でも紹介しているきゅうりとツナのかにかまサラダ（p46）です。おいしく簡単なので自分でも作ります。

ココ大事↓

夫婦の出会いは
新しい味との出会い。
毎日の食事が
思い出の1ページ。

PART4

麺類を入れると、献立にバリエーションが出ますよね。
身近な材料ばかりで作りますが、満足度は保証します！
覚えるだけで料理がラクになりますよ♪

ソーセージで
作るのも◎

たこは冷凍のぶつ切りの
ものでもOK! その場合も
直接フライパンに
入れて解凍してください

1人分
246円
2人分 492円

お酒のアテにも!

塩焼きそば

● 材料（2人分）

ニラ…1束 126円
ゆでだこ…100g 270円
焼きそば麺…2袋 96円
サラダ油…小さじ1
A｜オイスターソース…大さじ1
　｜酒…大さじ1
　｜鶏がらスープの素…小さじ2
　｜チューブにんにく…小さじ1
塩、こしょう…各少々
ごま油…適量
目玉焼き…お好みで2個

● 作り方

1 ニラは4cm長さに、たこは食べやすい大きさに切る。焼きそば麺は、耐熱容器に入れてラップをふんわりとかけ、電子レンジで30秒加熱する。

2 フライパンに油を熱し、ニラとたこをさっと炒める。焼きそば麺とAを加え炒め合わせ、塩、こしょうで味をととのえたら、最後にごま油を回しかける。

3 器に盛り、お好みで目玉焼きをのせる。

具だくさんで満足度大!

麺はカリカリでもやわやわでもどっちもおいしい!

定番中華と焼きそばのコラボ!

チンジャオロース焼きそば

● 材料（2人分）

ピーマン…2個　54円
にんじん…½本　31円
玉ねぎ…½個　36円
豚こま切れ肉…200g　194円
A｜酒…大さじ1
　｜しょうゆ…大さじ1
　｜片栗粉…大さじ2
たけのこ水煮（細切り）…80g　53円
B｜水…200㎖
　｜オイスターソース…大さじ2
　｜酒…大さじ1
　｜鶏がらスープの素…小さじ2
ごま油…大さじ2
焼きそば麺…2袋　96円

● 作り方

1　ピーマンとにんじんは細切り、玉ねぎは薄切りにする。

2　冷たいフライパンに、豚肉とAを入れてよく混ぜ、火にかける。豚肉の色がかわってきたら1とたけのこを加えて炒める。火が通ったらBを加え、とろみがつくまで煮る。

3　焼きそば麺は耐熱容器に入れ、ラップをかけ電子レンジで30秒加熱する。2とは別のフライパンにごま油を熱し、焼きそば麺を入れてほぐし、へらなどで上から押し付け焼き色をつける。

4　器に3を盛り、2をかける。

麺

/ スパゲッティは \
半分に折ると
加熱がラク

スパゲッティの別ゆで不要!

トマトクリーム
チーズ パスタ

1人分
146円
2人分291円

● 材料（2人分）

ハーフベーコン（薄切り）…4枚　75円

オリーブオイル…大さじ1

A｜カットトマト缶…1缶　118円

コンソメスープの素…小さじ2

チューブにんにく…小さじ1

塩、こしょう…各少々

スパゲッティ…140g　46円

クリームチーズ…20g　52円

乾燥パセリ…お好みで適量

● 作り方

1　ベーコンは1cm幅に切る。

2　フライパンにオリーブオイルを熱し、ベーコンを炒める。油がまわったらAとトマト缶と同量の水を加え混ぜる。スパゲッティを半分に折って加え、加熱する。

3　スパゲッティがやわらかくなったら、クリームチーズを加え、とかすように混ぜる。お好みでパセリをふる。

トマトとチーズは
間違いないですね!

スパゲッティは
レンチンでゆでる！

きのことしらすのうまみたっぷり

さっぱりしらすの麺つゆバターパスタ

1人分 235円
2人分 470円

しらすの代わりに
ツナ缶でもお試しあれ！

● 材料（2人分）

スパゲッティ…140g　46円
塩…ひとつまみ
まいたけ…½パック　54円
しめじ…¼パック　27円
大葉…8枚　80円
バター…10g　18円
A｜麺つゆ（3倍濃縮）
　　…大さじ2
　｜白だし…大さじ1
　｜酒…大さじ1
　｜塩、こしょう…各少々
しらす干し…50g　245円
きざみのり…適量
七味とうがらし…適量

麺

● 作り方

1　スパゲッティは、半分に折って耐熱容器に入れる。スパゲッティがかぶるくらいの水と塩を加えラップをかけ、袋のゆで時間より1分長く電子レンジで加熱する。

2　まいたけとしめじは石づきを落としてほぐす。大葉は太めのせん切りにする。

3　フライパンにバターを熱し、まいたけとしめじを炒める。火が通ったらAを加えて混ぜ、しらすを加える。

4　1の水気を切り3に加えて炒め合わせ、最後に大葉を加えて混ぜる。きざみのりと七味とうがらしをかける。

さけフレークだから
節約＆簡単♪

香り良い三つ葉が
アクセント！

鍋ひとつでできる

さけフレークと三っ葉のパスタ

1人分
130円
2人分 259円

● 材料（2人分）

三つ葉…1束 104円
スパゲッティ…140g 46円
さけフレーク…30g 74円
牛乳…200㎖ 35円
小麦粉…大さじ1
コンソメスープの素…小さじ2
塩、こしょう…各少々

● 作り方

1 三つ葉はざく切りにする。

2 鍋に水400㎖を入れて沸かし、スパゲッティをゆでる。スパゲッティがやわらかくなってきたらさけフレークを加える。

3 ボウルに、牛乳と小麦粉を入れて混ぜ合わせたら、だまにならないように混ぜながら2にゆっくり加える。スパゲッティがお好みのかたさになるまで加熱し、コンソメ、塩、こしょう、三つ葉を半量入れて混ぜる。

4 器に盛り、残りの三つ葉をのせる。

パスタにからみやすいよう
鶏肉は小さめに！

オリジナルの
きのこミックスを冷凍
しておくとすぐに作れます

大葉をのせてさっぱり！

鶏むね肉と
きのこの
和風パスタ

1人分
145円
2人分289円

● 材料（2人分）

スパゲッティ…140g 46円
塩…ひとつまみ
しめじ…1パック 108円
大葉…5枚 50円
鶏むね肉…100g 67円
バター…10g 18円
ポン酢しょうゆ…大さじ3
白だし…大さじ3
塩、こしょう…各少々

● 作り方

1 スパゲッティは、半分に折って耐熱容器に入れる。スパゲッティがかぶるくらいの水と塩を加えラップをふんわりとかけ、袋のゆで時間より1分長く電子レンジで加熱する。

2 しめじは石づきを落としてほぐす。大葉はせん切りにする。鶏肉は小さめのそぎ切りにする。

3 フライパンにバターを熱し、鶏肉を炒める。色がかわってきたらしめじを加えさらに炒める。ポン酢と白だしを加え混ぜ合わせたら1の水気を切って加え、炒め合わせる。塩、こしょうで味をととのえ、大葉をのせる。

麺

豆乳で
まろやか！

余った卵の白身は
スープやつくねに入れる
ことが多いです

パパッと洋風うどん！

カルボナーラ うどん

1人分
135円
2人分 270円

● 材料（2人分）

玉ねぎ…½個　36円

バター…5g　9円

A｜豆乳…300mℓ　23円
　｜麺つゆ（3倍濃縮）…大さじ2
　｜しょうゆ…大さじ1
　｜和風だしの素…小さじ1
　｜塩、こしょう…各少々

とけるスライスチーズ…3枚　68円

ゆでうどん…2玉　96円

卵黄…2個分　38円

きざみのり…適量

● 作り方

1　玉ねぎは薄切りにする。

2　フライパンにバターを熱し、玉ねぎを炒める。しんなりしてきたら A、適当な大きさにちぎったチーズ、うどんを加えて煮込む。

3　器に盛り、卵黄をのせ、きざみのりをちらす。

お好みで
ラー油を
かけても◎

特別な材料は使わないのに
本格派！

担々うどん

● 材料（2人分）

1人分
170円
2人分340円

玉ねぎ…¼個　18円
チンゲン菜…1株　68円
もやし…½袋　10円
赤とうがらし…½本
豚ひき肉…120g　130円
ごま油…大さじ1
A｜チューブにんにく…小さじ2
　｜チューブしょうが…小さじ2
　｜豆板醤…小さじ1と½
B｜水…400㎖
　｜牛乳…100㎖　18円
　｜すりごま…大さじ2
　｜みそ…大さじ1
　｜鶏がらスープの素…小さじ2
　｜砂糖…小さじ2
ゆでうどん…2玉　96円

● 作り方

1 玉ねぎはみじん切り、チンゲン菜は株元
を落とし、耐熱容器に入れ、ラップをか
け、電子レンジで30秒加熱する。もやし
も同様に1分30秒加熱する。赤とうがら
しは輪切りにする。

2 フライパンにごま油を熱し、玉ねぎと豚
肉を炒める。油がまわったらAと赤とう
がらしを加えてさらに炒める。⅓量をトッ
ピング用に皿にとり分けておく。

3 フライパンに残った2にBとうどんを入
れて加熱する。器に盛り、皿にとり分け
た2とチンゲン菜ともやしをのせる。

麺

ピリッとクセになる
本格担々！

疲れた日は
インスタントに頼って
エネルギーチャージ

肉も野菜もたっぷり

インスタント塩ラーメン鍋

●材料（2人分）

にんじん … ½本 31円	インスタント袋麺（塩味）
チンゲン菜 … 2株 136円	… 2袋 148円
もやし … ½袋 10円	鶏がらスープの素 … 大さじ1
ソーセージ … 3本 69円	塩、こしょう … 各少々
豚こま切れ肉 … 100g 97円	卵 … 2個 38円
ごま油 … 大さじ1	黒こしょう … お好みで適量

●作り方

1 にんじんは短冊切り、チンゲン菜とソーセージは食べやすい大きさに切る。

2 鍋にごま油を熱し、豚肉を炒める。色がかわってきたらにんじんを加える。全体に油がまわったらラーメンの袋の表示どおりの量の水を2袋分入れふたをして煮る。沸いたところで、チンゲン菜、もやし、ソーセージ、袋ラーメンのスープ、鶏がらスープの素、塩、こしょうを加える。

3 再び沸いたら、麺を入れてほぐれるまで煮込み、卵を割り入れる。ふたをしてお好みのかたさになるまで加熱する。お好みで黒こしょうをふる。

袋ラーメンはしょうゆで
もみそでもお好みのもの
を使ってください

おつまみ

ちびーず家では、週末はおうち飲みDAYにして
1週間の頑張りを労います。
ストレスフリーなパパッとレシピで、即乾杯！
夫婦の会話もはずみます。

どんどんつまめて
お酒がすすみすぎる
おそれアリ!

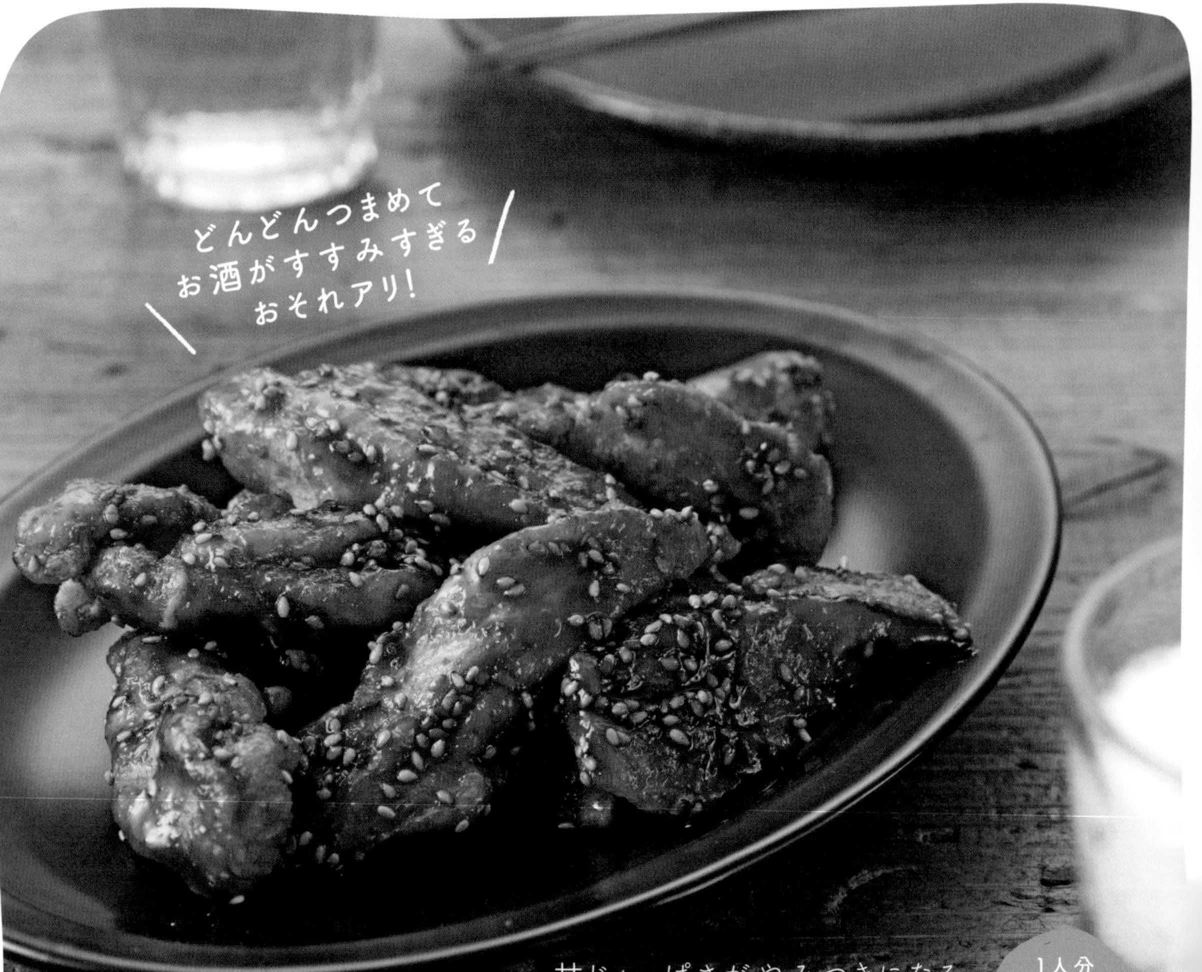

甘じょっぱさがやみつきになる

鶏スティック

1人分
101円
2人分 201円

フライパンに少なめの
油で揚げ焼きにしても
OKです

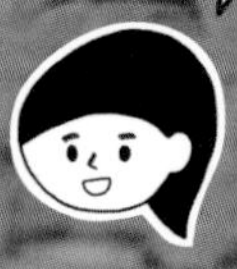

● 材料（2人分）

鶏むね肉…1枚 201円
片栗粉…適量
揚げ油…適量
A しょうゆ…大さじ2
みりん…大さじ2
砂糖…大さじ1
白いりごま…大さじ1

● 作り方

1 鶏肉は細長く切り、片栗粉をまぶす。
2 鍋に揚げ油を170度に熱し、1をきつね色になるまで揚げる。
3 フライパンにAを入れてひと煮立ちさせ、2を入れてからめる。

あっさりピリ辛味がお酒に合う!

レンチン蒸し鶏

1人分
130円
2人分260円

材料(2人分)
- 鶏むね肉…1枚　201円
- 酒…大さじ2
- もやし…1袋　19円
  - 鶏がらスープの素…小さじ1
  - ごま油…小さじ1
  - 塩、こしょう…各少々
- <たれ>
  - ポン酢しょうゆ…大さじ3
  - 食べるラー油…大さじ1
- 小ねぎ(小口切り)…20g　40円

作り方

1 鶏肉は食べやすい大きさに切り、酒をかけ5分ほど置く。耐熱容器にもやしとAを入れ、ラップをかけて電子レンジで1分30秒加熱し、取り出す。

2 耐熱容器に鶏肉を入れ、ラップをふんわりとかけて電子レンジで1分30秒加熱する。裏返してさらに1分30秒加熱する。

3 器にもやしと鶏肉を盛り、混ぜ合わせた<たれ>と、小ねぎをかける。

レンチンで
速攻乾杯!

食べるラー油がない場合は
普通のラー油をお好みの量
入れてください

おつまみ

ニラたっぷりでカリカリ食感

ニラねぎチーズチヂミ

焼いたチーズが
香ばしい♪

もっとがっつりに
したいときは
豚バラものせて
焼きましょう!

● 材料（2人分）

ニラ…1束 126円
小ねぎ（小口切り）
　…30g 60円
天ぷら粉…大さじ3
牛肉だしの素…小さじ2
片栗粉…大さじ1
卵…1個 19円

ピザ用チーズ
　…50g 81円
ごま油…大さじ2
ポン酢しょうゆ…適量
食べるラー油…適量

● 作り方

1 ニラは3cm長さに切る。

2 ボウルに、ニラ、小ねぎ、天ぷら粉を入れて混ぜ合わせる。牛肉だしの素、片栗粉、卵、水50mlを加えてさらに混ぜ、チーズを入れてよく混ぜる。

3 フライパンにごま油を熱し、2を流し入れ、両面こんがりと焼く。食べるときにポン酢と食べるラー油を混ぜたたれをつける。

焼きたてほくほくを召し上がれ

長いものバター焼き
わさび添え

● 材料（2人分）
長いも…200g 98円
サラダ油…大さじ1
バター…10g 18円
薄口しょうゆ…大さじ2
チューブわさび…小さじ1
きざみのり…適量

● 作り方
1 長いもは1cm厚さの輪切りにする。
2 フライパンに油を熱し、長いもを焼く。両面に焼き色がついたらバターを入れ全体をなじませ、しょうゆを加えてからめる。わさびを添え、きざみのりをかける。

1人分
58円
2人分116円

わさびが
ツーンと刺激的

薄口しょうゆがない場合
は濃い口しょうゆお好み
の量にしてください

1人分
91円
2人分182円

サラダなのに
がっつりでうま〜！

きのこ炒めを
ドレッシング感覚で
野菜にあえて味わって

悪魔的なおいしさ

きのこのバターしょうゆ
炒めサラダ

● 材料（2人分）

しめじ…½パック 54円	A	酢…大さじ1
まいたけ…½パック 54円		しょうゆ…大さじ1
絹ごし豆腐…½丁 38円		酒…大さじ1
サニーレタス、豆苗、ミニトマト		砂糖…小さじ1
などお好みの野菜…適量		
バター…20g 36円		きざみのり…お好みで適量

● 作り方
1 しめじとまいたけは石づきを落としてほぐす。豆腐と野菜は食べやすい大きさに切る。
2 フライパンにバターを熱し、きのこを炒める。火が通ったらAを加えさっと混ぜる。
3 器に野菜と豆腐を盛り、2をのせ、お好みできざみのりをかける。

おつまみ

101

トースターで
表面に焼き色が
つけばOK!

厚揚げがカリッ＆
チーズがとろ〜っ！

明太チーズ厚揚げ

● 材料（2人分）

厚揚げ…1枚 87円

明太子
　…半腹（20g） 79円

ピザ用チーズ…50g 81円

小ねぎ（小口切り）
　…お好みで適量

● 作り方

厚揚げはトースターで3
分焼いて4等分に切る。
耐熱容器に入れ、明太
子とチーズをのせて電
子レンジで1分40秒加
熱する。お好みで小ねぎ
をかける。

明太子とチーズは
のせればのせるほど
おいしいです

小さいサイズで
パクパクいけちゃう!

1人分
101円
2人分202円

チーズに
焼き色がつくくらい
まで焼いてください

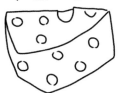

トースターで焼くだけ!

油揚げ
チーズピザ

● 材料（2人分）

材料	分量	値段
油揚げ	2枚	35円
ミニトマト	4個	60円
豆苗	¼パック	26円
A	トマトケチャップ…大さじ3	
	ガーリックパウダー…小さじ2	
ピザ用チーズ	50g	81円

● 作り方

1 油揚げはキッチンペーパーではさみ、押さえるようにして余分な油を取り、半分に切る。ミニトマトはくし型切りにする。豆苗は3cm長さに切る。Aは混ぜ合わせる。

2 油揚げにAを塗り広げ、ミニトマト、豆苗、チーズをのせ、トースターで4分30秒焼く。

おつまみ

ベーコンのうまみが染み渡る

キャベツの トマト ミルフィーユ鍋

1人分 225円
2人分 449円

キャベツの
**大量消費にも
最適!**

最初はぎゅうぎゅうでも
火が通ると
カサが減ります

きゅーっ

● 材料（2人分）
ハーフベーコン…8枚 **151円**
キャベツ…½個 **68円**
にんじん…½本 **31円**
カットトマト缶…1缶 **118円**
コンソメスープの素…小さじ4
ピザ用チーズ…50g **81円**
乾燥パセリ…お好みで適量

● 作り方

1 ベーコンをキャベツの間に1枚ずつはさみ入れ、ベーコンごとキャベツを食べやすい大きさに切る。にんじんは薄切りにする。

2 切ったベーコンとキャベツを鍋に立てるようにしてぎゅうぎゅうに詰める。にんじんをキャベツの間にはさみ入れる。

3 2にトマト缶とコンソメを入れふたをして煮込む。火が通ったらチーズをかけ、チーズがとろけるまで加熱する。お好みでパセリをふる。

材料を切ってあえるだけ！

ザーサイとトマトのあえもの

1人分
87円
2人分173円

● 材料（2人分）
トマト…1個 **136円**
ザーサイ…15g **37円**
ごま油…大さじ1
チューブにんにく…小さじ1

● 作り方

1 トマトはくし形切り、ザーサイは粗みじん切りにする。

2 ボウルに1、ごま油、にんにくを入れてあえる。

ザーサイのコリコリした歯ごたえがおいしい

トマトの代わりにきゅうりでもおいしい！

ころんとかわいい一口おつまみ

味付けトマト

しっかりした味でお酒がすすむ！

1人分
45円
2人分90円

● 材料（2人分）
ミニトマト…6個 **90円**
しょうゆ…小さじ1
ごま油…小さじ1
チューブにんにく…小さじ⅓
粉チーズ…2ふり
塩、こしょう…各少々

● 作り方
ボウルに材料をすべて入れ、よくあえる。

粉チーズの代わりにプロセスチーズをさいの目切りにして入れてもおいしいです

おつまみ

105

たっぷりの油で
揚げてカリッと!

ハイボールにも
レモンサワーにも
めちゃくちゃ合います!

1人分
36円
2人分72円

おうちでもお店の味に!

オニオン
リング

チューハイ

チューハイ

● 材料（2人分）

玉ねぎ…1個 72円

天ぷら粉…大さじ5

A | チューブにんにく…小さじ1
  | コンソメスープの素…小さじ1
  | ナツメグ…少々

揚げ油…適量

トマトケチャップ、マスタード
…お好みで適量

● 作り方

1 玉ねぎは1cm幅の輪切りにして1
  枚ずつはがす。ポリ袋に入れて天
  ぷら粉適量（分量外）をまぶす。

2 天ぷら粉は袋の表示通りの水の
  量で溶き、Aを加えて混ぜ合わ
  せる。

3 2に1をくぐらせ、180度の揚げ
  油できつね色になるまで揚げる。
  お好みでケチャップとマスタード
  をつけて食べる。

アボカドが
口のなかで
とろける

ご飯にのせて
丼にするのも
おすすめです

1人分
67円
2人分**133**円

卵黄がこってり＆
ねっとりからむ

ア ボ カ ド
ユ ッ ケ

おつまみ

●材料

アボカド … 1個　98円

カイワレ菜 … ¼パック　16円

A　焼肉のたれ … 大さじ1

　　ごま油 … 大さじ1

　　コチュジャン … 小さじ2

　　チューブにんにく … 小さじ1

卵黄 … 1個分　19円

白いりごま … お好みで適量

●作り方

1 アボカドは食べやすい大きさに切る。カイワレ菜は根を落とし、長さを半分に切る。

2 ボウルに **A** を入れて混ぜ合わせる。

3 **2**にアボカドとカイワレ菜を入れてよくあえ、卵黄をのせる。お好みで白いりごまをふる。

15分以内でできる！
お手軽スープレシピ

単品でもおいしくて満足のいくスープをご紹介。
手近な材料でできますが、味はバッチリ決まるので、リピート必至です！

\ キムチで
簡単チゲ風に /

キムチ
スープ

○材料（2人分）

長ねぎ…10cm
ニラ…¼束
白菜キムチ…150g
鶏がらスープの素…小さじ2
チューブにんにく…小さじ1
みそ…大さじ1と½
ラー油…少々

○作り方

1 長ねぎは斜め薄切り、ニラは4cm長さに切る。

2 鍋に長ねぎ、キムチ、水300㎖、鶏がらスープの素、にんにくを入れて加熱する。

3 沸いたらみそを溶き入れ、ニラとラー油を加える。

牛乳の代わりに豆乳でも

まろやか担々スープ

○材料（2人分）

チンゲン菜…1株
木綿豆腐…½丁
鶏ひき肉…80g
サラダ油…小さじ1
A みそ…大さじ1
　焼肉のたれ…大さじ½
　豆板醤…大さじ½
　しょうゆ…大さじ½
　鶏がらスープの素…小さじ1
牛乳…100㎖
ラー油…少々

○作り方

1 チンゲン菜と豆腐は食べやすい大きさに切る。

2 フライパンに油を熱しひき肉を炒める。火が通ったらAを入れてよく混ぜ、水150㎖と1を加え加熱する。

3 牛乳を加え、ひと煮立ちしたらラー油を入れる。

チーズ入りで濃厚クリーミー

白菜ときのこのチーズクリームスープ

○材料（2人分）

白菜…⅛個
しめじ…¼パック
えのきだけ…¼袋
A 牛乳…200㎖
　薄力粉…小さじ2
B 水…100㎖
　鶏がらスープの素
　　…小さじ1
　コンソメスープの素
　　…小さじ1
　とけるスライスチーズ
　　…1枚
塩・こしょう…各少々
ブラックペッパー
　…お好みで適量

○作り方

1 白菜は小さめのざく切りにする。しめじは石づきを落としてほぐす。えのきは石づきを落として半分に切る。Aは混ぜ合わせておく。

2 鍋に、白菜、しめじ、えのきとBを入れて加熱する。白菜に火が通ったらAを加えてひと煮立ちさせ、塩・こしょうで味をととのえる。お好みでブラックペッパーをふる。

200円ごはん

素材別価格表

この本のレシピで使用した
素材と価格をまとめました。
お買い物の参考にしてください。

※お店や地域、季節によって違いがありますので、ご了承ください。

		素材名	買い物時の参考単位	価格（税抜）
肉	鶏	鶏手羽元	100g（1本＝50g、31円）	62円
		鶏ひき肉	100g	90円
		鶏むね肉	100g（1枚＝300g、201円）	67円
		鶏もも肉	1枚（312g）	333円
	豚	豚こま切れ肉	100g	97円
		豚バラ肉（薄切り）	100g	158円
		豚ひき肉	100g	108円
		豚ロース肉（とんかつ用）	100g（1枚＝120g、142円）	118円
	豚・牛	合いびき肉	100g	108円
	加工品	ソーセージ	90g×2袋（1袋5本入り）	228円
		ハーフベーコン（薄切り）	4枚×3連パック	226円
魚	魚	かつおのたたき（刺し身）	200g	336円
		さわら	1切れ	129円
		しらす干し	40g	197円
		たら	1切れ	206円
		骨とりさば	1切れ	148円
		めかじき	1切れ	158円
		ゆでだこ	100g	270円

	素材名	買い物時の参考単位	価格（税抜）
野菜・きのこ類	アボカド	1個	98円
	いんげん（冷凍）	300g	150円
	大葉	10枚	99円
	カイワレ菜	1パック	62円
	キャベツ	1個1200g（1枚50g）	136円
	きゅうり	1本	63円
	小ねぎ	1袋	198円
	ごぼう	1パック	211円
	小松菜	1袋（250g）	136円
	さつまいも	1本	169円
	サニーレタス	1袋	108円
	じゃがいも	1個	72円
	ズッキーニ	1本	211円
	大根	1本	147円
	たけのこ水煮（細切り）	150g	100円
	玉ねぎ	1個	72円
	チンゲン菜	1袋	136円
	豆苗	1パック	103円
	トマト	1個	136円
	長いも	1パック（300g）	147円
	なす	1本	56円
	長ねぎ	1本（50cm）	94円
	ニラ	1束	126円
	にんじん	1本	62円
	パプリカ	1個	158円
	ピーマン	1個	27円
	ほうれん草	1袋	211円
	水菜	1袋200g（1株50g、34円）	136円

	素材名	買い物時の参考単位	価格(税抜)
野菜・きのこ類 / 野菜	三つ葉	1束	104円
	ミニトマト	1パック(100g12個)	178円
	紫玉ねぎ	1個	108円
	もやし	1袋	19円
	れんこん水煮（ホール）	1パック	178円
	れんこん水煮（スライス）	1パック(120g)	178円
きのこ	えのきだけ	1袋(200g)	100円
	エリンギ	1パック(100g・3本入)	128円
	しめじ	1パック(80g)	108円
	まいたけ	1パック(100g)	108円
乳製品類 / 牛乳	牛乳	1000ml	175円
ヨーグルト	プレーンヨーグルト	400g	135円
チーズ	クリームチーズ	125g	326円
	粉チーズ	80g	390円
	とけるスライスチーズ	1袋(7枚)	158円
	ピザ用チーズ	200g	325円
	ベビーチーズ	60g(4個)	88円
バター	バター（有塩）	200g	368円
缶詰・加工品	カットトマト缶	1缶(400g)	118円
	かに風味かまぼこ	10本	75円
	コーン缶	1缶(150g)	97円
	さきイカ	40g	200円
	さけフレーク	60g	148円
	ちくわ	5本	83円
	ツナ缶	1缶(70g)	86円
卵・大豆食品	うずらの卵（水煮）	6個	123円
	温泉卵	2個	64円
	卵	10個	188円

	素材名	買い物時の参考単位	価格(税抜)
卵・大豆食品 / 大豆食品	厚揚げ	1枚(200g)	87円
	油揚げ	5枚	87円
	いなり寿司用の油揚げ	10枚	189円
	おから	300g	112円
	おからパウダー	1パック(120g)	189円
	がんもどき	2個	105円
	絹ごし豆腐	1丁(350g)	75円
	豆乳（無調整）	1000ml	175円
	木綿豆腐	1丁(350g)	75円
ご飯・麺 / ご飯	ご飯	100g	33円
麺	スパゲッティ	600g	198円
	中華麺	120g	75円
	焼きそば麺	3袋入	145円
	ゆでうどん	3食(1玉200g)	144円
乾物	乾燥わかめ	50g	195円
	削り節	25g	168円
ルウ	カレールウ	1箱(230g/12皿分)	195円
その他	インスタント袋麺（サッポロ一番塩らーめん）	5袋入り	368円
	梅干し	20個(150g)	248円
	餃子の皮	25枚	93円
	こんにゃく（アク抜き不要）	1個	92円
	ザーサイ	100g	246円
	塩昆布	28g	176円
	白菜キムチ	320g	238円
	パン粉	150g	90円
	ひじきの煮物	70g	115円
	ミックスベジタブル	500g	187円
	明太子	50g	197円

夫婦と家計にやさしい♡
ゆるうま200円ごはん

2021年12月1日　初版発行
2022年1月30日　3版発行

著者／ちびーず

発行者／青柳 昌行

発行／株式会社KADOKAWA
〒102-8177　東京都千代田区富士見2-13-3
電話 0570-002-301（ナビダイヤル）

印刷所／凸版印刷株式会社

●お問い合わせ
https://www.kadokawa.co.jp/　（「お問い合わせ」へお進みください）
※内容によっては、お答えできない場合があります。
※サポートは日本国内のみとさせていただきます。
※Japanese text only

定価はカバーに表示してあります。